"中国劳模"系列丛书

中国劳模

天平村的暖心书记
伊学义

刘景娟◎著

吉林出版集团股份有限公司
全国百佳图书出版单位

图书在版编目（ＣＩＰ）数据

天平村的暖心书记：伊学义 / 刘景娟著. -- 长春：
吉林出版集团股份有限公司, 2024.3
（"中国劳模"系列丛书 / 徐强主编）
ISBN 978-7-5731-4132-3

Ⅰ.①天… Ⅱ.①刘… Ⅲ.①伊学义－传记 Ⅳ.
①K828.2

中国国家版本馆CIP数据核字（2023）第159100号

TIANPING CUN DE NUANXIN SHUJI: YI XUEYI

天平村的暖心书记：伊学义

出 版 人	于 强	
主 编	徐 强	
著 者	刘景娟	
组稿统筹	东北师范大学文学院创意写作研究中心	
责任编辑	石榆淼	
装帧设计	刘美丽	

出 版	吉林出版集团股份有限公司	
发 行	吉林出版集团社科图书有限公司	
地 址	吉林省长春市南关区福祉大路5788号　邮编：130118	
印 刷	唐山富达印务有限公司	
电 话	0431-81629711（总编办）	
抖 音 号	吉林出版集团社科图书有限公司　37009026326	

开 本	710 mm × 1000 mm　1 / 16	
印 张	9	
字 数	95 千字	
版 次	2024 年 3 月第 1 版	
印 次	2024 年 3 月第 1 次印刷	

书 号	ISBN 978-7-5731-4132-3	
定 价	45.00 元	

如有印装质量问题，请与市场营销中心联系调换。0431-81629729

序 言

　　劳动创造财富，劳动创造幸福，劳动创造未来。习近平总书记在2020年全国劳动模范和先进工作者表彰大会上的讲话中指出："全社会要崇尚劳动、见贤思齐，加大对劳动模范和先进工作者的宣传力度，讲好劳模故事、讲好劳动故事、讲好工匠故事，弘扬劳动最光荣、劳动最崇高、劳动最伟大、劳动最美丽的社会风尚。"当今世界，综合国力的竞争归根到底是科技人才和高素质劳动者的竞争。改革开放以来，我们强大的工人队伍用辛勤的劳动和拼搏奉献的精神推动中国制造、中国智造、中国创造走向世界的前列，新时代的中国面貌日新月异。大力弘扬劳模精神、劳动精神、工匠精神，加强高素质技能人才队伍建设，打造一支宏大的知识型、技能型、创新型劳动者队伍，是伟大时代赋予我们的历史责任。

　　劳动模范是民族的精英、人民的楷模，是共和国的功臣。自改革开放以来，广大职工勇立改革潮头，独立自主，奋发图强，勇于创新，其中涌现出一批批全国劳模和大国工匠。他们参与建设了代表中国高度、中国速度、中国深度的一系列重大工程，提升了国家实力，打造了"中国名片"，树立了"中国品牌"，增添了"中国力量"，充分释放出工人阶级的创新活力，展示出大国工匠的强大创造力。他们以工人阶级的满腔热忱在各自平凡的工作岗位上取得了辉煌的成绩，书写了新时代的壮丽篇章。

爱岗敬业、争创一流、艰苦奋斗、勇于创新、淡泊名利、甘于奉献的劳模精神，崇尚劳动、热爱劳动、辛勤劳动、诚实劳动的劳动精神和执着专注、精益求精、一丝不苟、追求卓越的工匠精神，是广大劳动群众在社会生产实践中锤炼形成的弥足珍贵的精神财富，是工人阶级伟大品格的具体体现，是民族精神和时代精神的生动诠释。民族复兴需要劳动模范，祖国强盛需要大国工匠，中国制造、中国智造、中国创造更需要大国工匠的强有力支撑。劳模、工匠等的成长故事、先进事迹中承载的劳模精神、劳动精神和工匠精神，是激励全国各族人民团结奋斗、勇往直前的强大精神力量。

"中国劳模"系列丛书，采用图文结合的方式，讲述全国劳模、大国工匠和先进工作者们的成长经历及他们追梦、筑梦、圆梦的故事，用他们在平凡岗位上创造不平凡业绩的真实故事感染读者，推动形成劳动最光荣、劳动最崇高、劳动最伟大、劳动最美丽的社会风尚，引导广大技术工人和青少年形成劳动光荣、技能宝贵、创造伟大的观念。

"匠心筑梦，强国有我。"新时代是一个万象更新、生机勃勃的时代，也是一个继往开来、创新创业和建功立业的大时代。希望广大读者能以劳动模范为榜样，以大国工匠为楷模，立志技能报国、技术强国，踔厉奋发，勇毅前行，锤炼思想品格，汲取劳动智慧，勇于担当、勤于钻研、甘于奉献，为推进新型工业化和乡村振兴，为加快建设制造强国、质量强国、航天强国、交通强国、网络强国、数字中国、农业强国，全面建设社会主义现代化国家贡献青春力量。

中华全国总工会副主席（兼）

中国航天科技集团有限公司第一研究院

211厂14车间高凤林班组组长

2022年11月

　　伊学义，中共党员，满族，1967年7月出生于吉林省安图县松江镇，本科学历，国家税务总局延边朝鲜族自治州税务局（简称延边州税务局）机关党委四级高级主办。历任延边州税务局信息中心副主任、主任。2017年7月，驻吉林省汪清县天桥岭镇天平村，任第一书记。

　　1990年7月，伊学义大学毕业后被分配到了吉林省安图县焊丝厂。

　　因为在安图县焊丝厂的出色表现，1991年，伊学义被调到了安图县委宣传部从事文秘工作。

　　1994年7月，调入安图县税务局从事税收信息技术工作。

　　1995年7月，调入延边州税务局信息中心。随着税收信息化向前发展，他开始注重软件学习。

　　2015年，国家税务总局在全国范围内全面推广的金税三期工程在吉林上线运行，伊学义带领信息中心的两名技术人员率先研发出"一键录入"软件，轻松完成数据的录入及采集工作。

2016年3月22日，延边州税务局派驻村帮扶工作队进驻扶贫村，正式打响了对汪清县天桥岭镇天平村的精准扶贫、精准脱贫攻坚战。2017年6月，因当时驻天平村的第一书记身体不适，伊学义主动请缨到天平村扶贫。2017年7月，伊学义带着妻子姜玉杰正式进驻天平村。

2018年10月17日，伊学义荣获全国脱贫攻坚贡献奖，是全国税务系统内唯一获此殊荣的税务干部。

2018年10月20日，在"吉林好人引领风尚——培育和践行社会主义核心价值观"主题实践活动中，伊学义荣获"吉林好人·脱贫攻坚先锋"称号。

2019年4月，伊学义被评为第五批全国岗位学雷锋标兵和第八届吉林省道德模范暨吉林好人2018年度人物，获吉林省最美第一书记等荣誉称号。

2020年11月，伊学义被评为全国先进工作者。

2021年，全国脱贫攻坚取得全面胜利，为了响应党和国家的号召，也因为不舍天平村的村民，伊学义留在天平村，坚守乡村振兴的第一线。

目光敏锐、勤奋学习、刻苦钻研，是伊学义学习和工作的作风；干一行爱一行，伊学义在每个工作岗位都兢兢业业，不断创新；"一朝入党，一生为党"，在驻村扶贫的工作中，伊学义始终牢记党和国家的使命，把人民的利益放在首位，帮助天平村创造财富，全面脱贫。未来，他将不忘使命，继续前行！

目 录

第一章　耳濡目染初成长

传承好家风

在中国广阔的东北地区，有着我国最大的朝鲜族聚居地、唯一的朝鲜族自治州——延边朝鲜族自治州（简称延边州），这片土地位于美丽的吉林省东部，地处中、俄、朝三国交界，东与俄罗斯滨海边疆区接壤，南隔图们江与朝鲜咸镜北道、两江道相望，下辖六市两县。

安图县正是延边州下辖两县中的一个县，位于延边州西南部，处于长白山腹地，素有"长白山第一县"之美誉。闻名遐迩的长白山主峰及天池瀑布就在安图县南部。

美丽的安图不仅是边境县份、少数民族地区，也是我国革命老区。

抗日战争时期，安图县松江镇的伊广泰和刘俊梅夫妇冒着生命危险将前来投奔的远房亲戚和他的一名战友藏在家里，帮助他们成功躲避日军的追捕。这位远房亲戚是抗日游击队队员，他和战友和组织失去了联系，在伊广泰和刘俊梅夫妇家一待就将近半年。

新中国成立后，伊广泰和刘俊梅夫妇无力供儿子伊明启读中专，那名做过抗日游击队队员的亲戚得知后，每月寄来生活费供于伊明启读书。伊明启得以实现梦想，成为一名光荣的工人，与樊淑春组成家庭。

1967年7月，这个工人家庭的第三个孩子出生了，他就是伊学义。伊学义上有一个姐姐和一个哥哥，虽然家庭条件算不上富裕，但他们不愁吃穿。

在伊学义儿时的记忆里，爷爷奶奶和父母是心地善良、乐善好施的典型代表。

爷爷奶奶帮助抗日游击队队员的故事，是伊学义听来的。在二老一生的善举中，这件事让伊学义印象深刻，他们的助人故事远不止于此。

20世纪70年代，我国还处于计划经济时期，人们的生活都很困难，需要凭票购买物品。那时伊学义一家住在镇上，距离县城近300里。邻居赵大爷家的大女儿被县纺织厂招录了，纺织厂要求工人自带行李住集体宿舍。赵大爷家有6个孩子，全家都是农民，经常吃了上顿没下顿，生活极其困难，穿的衣服都是补丁摞补丁，家里根本没有钱给大女儿准备被褥行李。因为家里买不起行李，大女儿只能在屋里哭泣。伊学义爷爷奶奶听说了这件事，用自己家的布票和钱购买了棉花和布，奶奶在煤油灯下忙活了一晚上，将一套做好的全新被褥送到了赵大爷家。现在生活条件好，买一套被褥不算什么，但在那个年代这不是一件容易做到的事。伊学义一家人口并不算少，虽然不愁吃穿，但在那样的经济条件下，爷爷奶奶能额外买被褥送给邻居实属不易。虽然伊学义已上学，姐弟三人晚上也只能盖同一床被子睡在光溜溜的炕席上，那床被子不知盖了多少年，布满了各种不同颜色和形状的补丁。

虽然自己家也不算富裕，但伊学义的爷爷奶奶想都没想，就帮赵大爷一家解开了窘迫的困境，帮了他们一个大忙。

爷爷奶奶乐于助人的品质，在伊学义的父母身上得到了继承和发扬。

20世纪60年代，伊学义家所在的村庄迎来了很多上山下乡的知识青年，他们来自上海，大多只有十六七岁。从大城市来到农村，他们住的是村中的集体户，吃的是玉米等粗粮。对来自城市又年轻力壮的青年们来讲，吃这些粗粮，不只是吃不好，更是吃不饱。

伊学义的父亲是新华书店的售货员，经常送书下乡。刚好，这些上海的知识青年都喜欢看书，一来二去，他们就和伊学义的父亲认识并成了好朋友。农村的生活条件本就不好，每年寒冬腊月，集体户就断了粮，七八个小青年便住到伊学义家里，一住就是十天半个月，晚上睡觉挤在一个大炕上，把他们家攒了三年的存粮都吃光了。

伊学义家成了这些上海知青的避风港，也成为他们在东北的第二个家。直到如今，那几个上海知青还与伊学义家保持着密切的联系。虽然伊学义的父亲已经去世，但他们每年都会回东北看望伊学义的母亲。

祖辈、父辈乐善好施，结交了许多朋友，很多都与伊家结成了世交，从祖辈到父辈，这些朋友与他们至今仍保持着联系。在伊学义的记忆中，他们家的朋友有城里当工人的，也有大山沟里当农民的，家里的客人总是不断。平时家里有点好吃好喝的，父母就都攒起来，等客人来了才拿出来。家里一来客人，母亲就会做一大桌子菜招待。母亲的拿手好菜是熘肉段、锅包肉，伊学义每次看到都馋，但父亲会优先考虑客人，不允许伊学义姐弟挤上桌和客人一起吃饭，他们总要等客人们吃完，才能享受母亲的厨艺。

父亲还经常把家里的财物外借，或者说外送更准确，因为多数是有借无还。

伊学义还小的时候，父亲领着他给断粮的邻居家送吃的。他家前院农户老李家，家里有4个男孩，生活困苦。因为没有化肥只有农家肥，集体的粮食产量极低，生产队每年秋天收完粮，先交公粮，剩余的粮食按照每家的人口数量和工分等实际情况，一次性分到各家各户，这些粮食是每个家庭一年的口粮。老李家分的粮食本来就不多，家里又有4个男孩，孩子们平时肚里就没有油水，又是长身体的时候，所以，每年一到腊月他们家就没有吃的了。伊学义家是职工户，是吃商品粮的，父母也都上班领工资，所以家里的生活条件要比农户的好很多。

有一天，大雪纷飞的傍晚，伊学义母亲做了一大锅饭，父亲把饭盛在一个大盆里，和伊学义一起端到了前院老李家。他们刚走到老李家门口，就听到老李家五六岁的小儿子在屋里放声大哭。伊学义父亲赶忙问他为什么哭，他说他很饿，中午没吃饭。

伊学义到他家屋里的小仓房翻看，发现只有半袋子已经冻硬的小土豆，一粒米也没有了。伊学义和父亲赶紧找碗筷给老李家的小儿子盛饭吃，他饿急了，狼吞虎咽地埋头吃饭很快就把一碗饭吃光了。老李的小儿子吃饱饭后，停止了哭泣，伊学义和父亲把剩下的米饭端进老李家放好，才回了家。

伊学义还记得独身一人的桑奶奶。桑奶奶原来住在离伊学义家很远的大东边，后来搬到了深山里。她无依无靠，每次进镇里和县城办事都住在伊学义家，短时一两天，长时三五天，频率还不低。她隔三岔五就会出现在伊学义家里，虽然与伊家无亲无故，但桑奶奶每次在伊学义家吃住，父母都会热情招待她，从没表现出丝毫的不高兴。

伊学义问桑奶奶的孩子在哪里，怎么不管她。原来，她只有一个女儿，嫁到了200多里外的一个村，离桑奶奶很远，交通又不方便，母女俩见一次面至少要4个小时。

伊学义父母帮助他人从不图回报。他们经常招待桑奶奶，桑奶奶能给的，只是一点儿炒熟的瓜子。虽然桑奶奶并不能拿太多东西回报伊学义父母，但这丝毫不影响他们继续对桑奶奶好。

伊学义家还有一个"昂贵"的不锈钢小饭勺子，价值20元钱。这个小勺子为什么这么值钱呢？事情是这样的——

一次偶然的机会，伊学义父亲在外乡认识了一个新朋友。有一天，这个朋友找到伊学义父亲，说他的爱人在医院住院治疗，情况很紧急，他身上没带那么多钱。他向伊学义父亲借钱，承诺过几天回家取到钱再还给伊学义父亲。

父亲问要借多少，这个朋友说借20元钱。要知道，父亲当时一个月的工资也就20元钱，兜里哪有那么多的钱呀！父亲回家找母亲，母亲把多年省吃俭用存的20元钱给了父亲，借给了这个朋友。家人出院后，这个朋友并没有还这20元钱，只给了伊学义父亲一个不锈钢的小饭勺子就杳无音信了。

发生了这么件事，母亲并没有责备父亲，只是当着父亲的面开玩笑说："这个饭勺子值20元钱呀！"父亲的朋友很多，虽然形形色色，但父母从没说过别人的不好，就连对这个没有还钱的朋友，他们也没有抱怨过什么。

无论是爷爷奶奶还是父亲母亲，都是热心肠的人。不管谁家有大事小情，他们都会帮忙；谁家有困难，他们都会伸出双手去援助。在伊学义印象中，爷爷奶奶和父亲母亲最大的乐趣就是帮助别人，所以，他幼小的心灵里，早就种下了助人为乐的种子。

求学励志路

1974年，伊学义入读松江镇第一小学。伊学义上小学期间，正是祖国百业待兴的时候，学校推行德智体全面发展的教育。伊学义学习祖辈、父辈甘于奉献的精神，刻苦学习，当上了班里的

⊙ 1981年春节，全家合影（前排为伊学义的父母，后排左起为伊学义、
姐姐、姐夫、哥哥）

学习委员。后来，他还成了班级里第一批少先队员，胳膊上戴着"两道杠"，是一名光荣的中队长。

伊学义兴趣广泛，除了是班上的学生干部，还是学校文艺队的一员，各方面表现都很出色。

小学时期给伊学义留下最深印象的是劳动。那时，还在读小学的他们每年有固定的农忙假，也就是支农活动假。乍暖还寒的春天，学生赤脚泡在冰冷的水田地里插秧，一干就是20多天；炎热的夏天，大家要扛着锄头到地里锄草；天高云淡的秋天，他们要到地里去割水稻、掰玉米、割黄豆；冷冬已至，他们在教室里烧炉子取暖，入冬前他们还要到大山里砍柴，为漫长的冬季做准备；寒风凛冽的冬天，他们要完成为生产队拾粪的任务，每天到街上捡拾牛马的粪便。

伊学义至今还记得当初捡到牛粪时开心兴奋的心情。因为大家都在捡粪，街上的牛马粪奇缺，他们一般很难完成捡粪任务，所以，要是看到冻在街道上的牛粪，算得上十分幸运了，他们就像捡到钱似的兴奋。

除了这些，学校还在每年的植树季节专门放十多天假，让学生到深山植树造林，造福一方。

伊学义就是在这些劳动中锻炼了心智和毅力，塑造了自己吃苦耐劳的品质。

其实，伊学义从小就体弱多病。11岁那年，他得了一场大病，病痛一直折磨了他3年，后来在一位老中医的治疗下，他才逐

⊙ 1975年10月，松江镇第一小学文艺队合影（二排左三为伊学义）

渐痊愈。老中医的治疗方案是用药物揉成2个小球，点燃后放在伊学义的后背，每天1次，连续烧7天。火烧的疼痛连大人都难忍受，每次烧背，伊学义都咬牙硬挺，从没掉过一滴眼泪，烧背持续了2个疗程。烧灼了2周后，伊学义终于从病痛中走出来，成为一个健康的男孩。几十年过去了，伊学义后背上还留有两个清晰的疤痕。那种疼痛，伊学义至今依然印象深刻。

疾病虽然能打倒人的身体，但摧毁不了人的精神和意志。在与病痛斗争和与劳动为伴的岁月中，伊学义成长为一个坚强勇敢、做事执着的孩子。1979年，大病还未痊愈的伊学义凭借自己的努力考上初中，3年后，又如愿考上高中，继续为考大学而奋力拼搏。

但在那个年代，能考上大学的都是凤毛麟角般存在。倔强的伊学义当然不肯认输，工人家庭出身的他立志考上大学，梦想成为工程师。

命运时常爱开玩笑。1985年春天，距离高考还有不到半年，伊学义在放学回家的路上被路边行走的马踢了一脚，他的右膝盖骨受伤，在家里躺了足足两个月。

伤筋动骨一百天。这次受伤让伊学义落下了很多课程，他高考落榜了！

根据20世纪80年代的政策，子女可以接替父母上班。落榜后，母亲让伊学义接班，他不同意。

在那个年代，高中毕业生可以去当教师。父亲极力劝说伊学义去小学当教师，给他做了好几天的思想工作，还把自己当教师的好朋友请到家里给他做思想工作，他还是不同意。

伊学义认为，只有上了大学，才能成才，才能实现自己的理想。他要做一名工程师，为社会作贡献。

怀着这样的理想，伊学义重回课堂。经过一年时间的刻苦学习，1986年，伊学义考上了大学。那时流行这样一句话："学好数理化，走遍全天下。"伊学义很认同这种说法。为了实现自己做工程师的理想，他报考了吉林工学院（长春工业大学前身），就读工业电气自动化专业。

体弱多病的伊学义，勤于劳动，刻苦学习，与病魔勇敢斗争，为工程师理想不懈努力。他的初中班主任金绪光感叹道："没有想到，你是班级里身体最瘦弱的学生，却做出了同学中最出色的业绩！"

中小学的经历，给了伊学义无穷的力量。靠自己不懈努力实现的梦想，给了伊学义拼搏进取的动力。大学期间，伊学义刻苦学习，兴趣广泛。

伊学义还记得，班级的吉他手朴振光同学是朝鲜族人，他不但歌唱得好，吉他也弹得好，每次学校的文艺晚会都有他的表演。在他的影响下，班级掀起了学吉他的热潮。朴振光是伊学义的好朋友，伊学义首先加入了弹吉他的行列，学会了简单的弹奏方法，会弹好几首歌曲。同样的兴趣爱好让伊学义和同学们走得更近，相处得更愉悦。

伊学义还特别关心同学。凭借着自己的热心和责任心，伊学义竞选成为班级宣传委员，后来又担任学院学生会民事部部长，兼任系团总支副书记。

回忆起大学的学习和生活，伊学义印象最深的是同学们的友爱互助。班级有固定的教室和集体宿舍，每个宿舍住10个人，都是上下铺。大家每天在一起生活学习，关系非常融洽。班级里如果谁有困难，大家都会伸出援助之手。

班里有一个朝鲜族学生，因为上大学之前一直在朝鲜语学校学习，汉语水平不如班上其他学生。大学第一学期，他上课听不懂，考试不及格，渐渐地就开始闹情绪，还要退学。班主任李老师和同学们做他的思想工作，想办法帮他快速适应大学生活。因为这名朝鲜族学生的情绪很低落，家住长春本地的肖立新同学便把他接到自己家里生活了一个多星期。这期间，班里的同学都去看望他，在大家的帮助下，这名朝鲜族学生终于走出了困境，最后顺利完成了大学4年的学业。

同学们这种团结友爱的精神，一直影响着伊学义，使他在以后的学习工作中，保有同情心，乐于帮助有困难的同志。

大学是伊学义思想不断成熟的重要阶段。他积极向党组织靠拢，系统接受了党组织的教育，真正在思想上树立起了为共产主义事业奋斗终身的信念。大学十分重视学生的思想教育，对学生的管理也非常严格，学生们每天早上跑操，晚上上自习，系辅导员时刻关注着学生的学习状态，临近考试，还有助教看晚自习。此外，学

⊙ 1986年11月，伊学义（前排左一）与大学同学在长春南湖公园合影

校每个假期都有社会实践课程，组织学生去部队、进工厂、到农村，向解放军战士，向工人、农民，向所有劳动人民学习。

在大学那段美好的时光里，还有一个人让伊学义难以忘怀，那就是工业电气自动化专业的党总支书记董战武老师。他是系里职务最高的领导，毫无官架子，像慈父一样对待所有学生。在伊学义的记忆里，董书记和每名学生说话都十分和蔼，还经常在节假日把一些学生叫到家里吃饭谈心，关心学生的学习和生活。因为感受到了董书记的关怀备至，伊学义更坚定了自己向党组织靠拢的决心。伊学义很敬重董书记，把他当作自己思想上的启蒙老师，虽然毕业多年，伊学义每次想起他，内心还是很温暖。

由于各方面表现出众，1990年3月，伊学义光荣地加入了中国共产党，正式成为一名共产党员。

第二章　成家立业互扶持

成家立业

　　1990年7月，伊学义大学毕业后被分配到吉林省安图县焊丝厂工作。焊丝厂地址在安图县，安图县正是伊学义家乡的县城，他的父母和兄长生活在松江镇距县城200多里远，卧在长白山脚下。

　　工作确定下来了，伊学义的婚事也提上了日程。主要还是父母着急，因为伊学义在县城工作，不会做饭，生活上没有人照顾。

　　其实早在1989年，伊学义读大三时，姐姐就给他介绍了对象。那时候，伊学义的姐姐是安图县纺织厂工人，纺织厂女工特别多，母亲总是催女儿赶快给弟弟找个对象。姐姐心里正好也有中意的人，她看好同车间的工友姜玉杰。于是，在姐姐的牵线下，伊学义和姜玉杰相识相恋，感情一直很稳定。

　　工作稳定，感情稳定，婚姻也有了着落——伊学义1990年7月毕业、就业，12月就成家了。

⊙ 1989年，伊学义与姜玉杰合影

夫妻互扶持

　　姜玉杰是纺织厂女工，她的工作三班倒，工厂离家十多公里远。在二人结婚的第二年，1991年10月，他们的儿子伊民出生了。因为姜玉杰经常要倒夜班，而且工厂离家远，为了全心全意照顾孩子和家庭，她就辞职了，全家的生活全靠伊学义一个人的工资支撑着。那时伊学义一个月的工资是110元钱，除去家庭开销，他兜里只能剩下几块钱，如果家里来朋友，他们招待客人吃顿饭，这个月就完全没有剩余的钱了。好在伊学义没有抽烟喝酒的习惯，家里的生活虽然拮据，但还能支撑下去。

　　虽然生活不算富裕，但受爷爷奶奶和父亲母亲的影响，伊学义也会在每年春节前，带上礼物去看望亲戚中的长辈。刚开始，为了能省点儿钱，他和爱人借了辆手推车，到批发市场去批发罐头食品，再一份一份分好，给长辈们送去。

　　伊学义觉得这是好家风，因为他的长辈们就是这样，逢年过节，他们都会带着礼物去看望亲戚里的老人们。伊学义说："这样的家风让我变得不自私，让我学会了礼仪，懂得了感恩、奉献和付出，为我以后的人生和事业奠定了基础。"

⊙ 2006年8月，伊学义与爱人姜玉杰合影

也正因如此，伊学义对家人尤其爱人很是感激："我的爱人比较贤惠，勤俭持家，而且全力以赴支持我的工作，家里什么事情都不用我操心，所以我不论干什么工作，都能全身心地投入。"伊学义先后从事过电工、文秘等相关工作，从理科到文科再到理科，跨度较大，但无论做哪一行，他都能深入学习、钻研业务，成为行业的佼佼者。在工厂做电工时，他是单位里的电气专家，单位的技术难题都由他来解决；做文秘工作时，虽然没有成为一支"笔杆子"，但完全能胜任本职岗位的工作，将工作任务完成得很不错。后来，他又自学了计算机软件及编写方法。他带领单位的同事研发了延边州个体税收管理系统，延边州在吉林省率先实现了个体税收自动化，实现了数据的州级集中，该系统在吉林省内被推广应用。

伊学义认为，这一切都与妻子的支持密不可分，真的应了那句老话：一个成功男人的背后总有一个默默支持他的女人。这个女人就是他的爱人姜玉杰。有了爱人的默默支持，伊学义在不同工作岗位上成为行家里手，不仅实现了自己的人生理想，也为党、为国家、为人民做出了自己的贡献。

有了爱人姜玉杰的支持，伊学义在工作中没有了后顾之忧，他敢于追求，无条件为工作付出。像爱人全身心投入家庭一样，他也全身心投入工作当中。

第三章　兢兢业业干工作

焊丝厂崭露头角

1990年7月，伊学义从吉林工学院工业电气自动化专业毕业，被分配到吉林省安图县焊丝厂当一名电工。

伊学义在大学期间成绩优秀，虽然深入学习过理论知识，但初到岗位，应对实际操作的工作能力还是比较差。

工作中的问题难不倒向来勤奋的伊学义。

当时安图县焊丝厂的生产设备是日本原装的自动化生产线，为了弄懂这些设备的维修，伊学义天天翻阅资料学习研究，很快成了厂里对设备最了解的人。可以说，只要是设备出现故障，伊学义就能找出原因并排除，甚至可以说，设备出现故障，也只有伊学义能排除。

单位技术科长把伊学义的潜心钻研看在眼里，记在心里。一天，他找到伊学义，和他聊起了单位的一套污水处理系统。这套污水处理系统出现故障已经三年了，没有一个人能排除，科长本也不抱修好的希望。这次他找到伊学义，就是想让伊学义这个技术骨干试试看能不能修好。

伊学义马上把设备的图纸找来——这套系统的图纸足足有20

厘米厚，他对照着图纸，开始对系统进行检查。

全套污水处理系统的设备有一间房子那么大，设备柜里有上百个电子器件，令人眼花缭乱，如果不会看图纸，根本就找不到系统的问题。伊学义对照图纸对电子器件进行逐个排查，终于找到了故障原因，原来是一个电子继电器烧坏了。伊学义凭借自己扎实的专业基础和踏实的钻研精神，顺利解决了这个困扰单位3年的难题。

还有一次，电工班把一个维修后的设备的起动机交给伊学义进行组装，伊学义组装完成后还剩余一根连接线，大家都嘲笑伊学义说："你行呀，修完设备还能多出来！"伊学义认真地对大家说："这根连接线确实是机器上多余的一根线，如果不信，你们可以测试一下。"结果，大家一测试，设备还真的好使。

从此，单位的领导和同事都对伊学义刮目相看。领导看到了伊学义的专业能力，也见识了他对设备的了解，特地把他调到设备处，从此伊学义上班就不用三班倒了。

伊学义解决技术难题，为单位排忧解难，也为自己赢得了大家的尊重。伊学义深刻地感受到，技术就是生产力，做任何工作都要认真踏实地去钻研。一个人，如果不求进取，浑浑噩噩混日子，只会一事无成。

此后，伊学义更加注重学习，只要有时间就书不离手。几天不看书学习，他就感到内心十分空虚。

县委文秘工作新挑战

因为在安图县焊丝厂的出色表现，1991年，伊学义参加工作的第二年，迎来了工作中的第一次调动。这次调动可不简单，可以说完全改变了伊学义的专业方向，原本他是一个理科专业的人才，机缘巧合他被调到了安图县委宣传部从事文秘工作。

做文秘工作要和文字材料打交道，看材料，分析材料，写材料，和以前的看图纸、找问题、维修设备很不一样。但善于学习、认真钻研的伊学义又觉得二者似乎很相似。

那时互联网还不发达，写文章很难上网找材料，要想写好材料，只能靠日常的写作知识积累和工作岗位上的业务知识积累。伊学义坦言，对于一个刚参加工作一年多的理科生来说，处理文字材料是个难题，甚至可以说，他在这方面完全是个"小白"，一切得重新开始。

勤奋学习，刻苦钻研，是伊学义的一贯作风。调入县委宣传部后，伊学义二话不说，开始钻研写作，孜孜不倦。从此，每天不是写文章就是看报纸、看杂志、看材料，恨不能24小时和文字在一起。

回忆起第一次写稿，伊学义至今印象深刻。看着被领导改得面目全非的稿子，他感到无地自容。但他毫不气馁，一遍一遍地改，一点一点地学，一天一天地积累，不久，他终于获得了领导的认可。

世上无难事，只要肯登攀。经过一段时间的钻研，写文字材料对伊学义来说已不是一件难事。他甚至可以骄傲地说，写材料，他算得上得心应手了。而这都是他勤奋学习的结果。

凭借着自己对工作的热忱，伊学义在县委宣传部文秘工作岗位上一干就是3年。

再调税务局

1994年，安图县税务局购进了一批电脑用于税收工作，急需一名懂计算机知识的技术人员。伊学义在县委宣传部工作了3年，学习能力强、工作能力突出，加上他平常喜欢接触新事物，自学过电脑，通过别人的介绍，1994年7月，伊学义调入安图县税务局从事税收信息技术工作。

1995年7月，伊学义调入延边州税务局信息中心。随着税收信息化迅速发展，他开始注重软件学习。伊学义上大学学的是工业电气自动化专业，计算机软件编程并不是他的强项。但他并没有被困难吓倒，而是发扬自己勤奋学习和刻苦钻研的精神，先后自学了计算机数据库知识和计算机软件编程，掌握了数据库编程技术。

　　那段苦学经历是伊学义的宝贵财富，每每提及，他都引以为豪。每天下班后，只要有时间，伊学义就看与计算机相关的书籍。别人下了班，喜欢搓个麻将，打个扑克，喝点儿小酒，这些事情，他则全然不感兴趣。为了能挤出更多的时间学习，他非常自律，有意识地养成良好的习惯，直到今天，他也不会玩棋牌游戏，不沾烟酒。

　　凭借着自己的自律和天赋，伊学义每年都能完成两到三本计算机书籍的自学。伊学义笑言，每天捧着书本学习，自己真正成了一个"书呆子"。

　　一分耕耘，一分收获。学有所成的伊学义主导研发了延边州个体税收管理系统，延边州在吉林省率先实现了个体税收自动化，实现了数据的州级集中。很快，这套系统在吉林省内得到全面推广和应用。随后，伊学义又研发出多个软件，为税收工作效率的提高做出了巨大贡献。

　　金税三期工程于2009年由国家税务总局正式启动。金税三期工程，是经国务院批准的国家级电子政务工程，是国家电子政务"十二金"重点工程之一，2015年在吉林上线运行。金税三期工程的目标，是根据一体化原则，建立基于统一规范的应用系统平台，依托计算机网络，国家税务总局和各省局高度集中处理信息，覆盖所有税种、所有工作环节、国家税务局和地方税务局，并与有关部门联网，包括征管业务、行政管理、外部信息、决策支持四大子系统的功能齐全、协调高效、信息共享、监控严密、安全稳定、保障有力的税收管理信息系统。通俗点说，就是依托网络信息技术将吉林省全省各地分散的税收信息录入国家系统。

吉林省全省各地税收数据总量大，且极其复杂。为此，全省税务系统开展了为期几个月的大会战。伊学义还记得2016年的国庆长假，全省税务干部都没有休息，都在为数据采集而加班加点忙碌着。然而有个"例外"，伊学义所在的延边州税务系统的8个县市税务干部都放假休息了。他们放假不是因为工作不积极，而是因为伊学义带领信息中心的两名技术人员率先研发了"一键录入"软件，只需要点击鼠标，就可以自动将数据录入国家软件系统，轻松完成数据采集工作。因此，大家都称这个软件为"录入小精灵"。数据的采集工作量非常大，吉林省其他地区的数据采集都是手动采集，延边州税务系统率先全部实现计算机电子数据采集，因而能够高效率完成采集工作。这件事情对伊学义触动很大，他再次深深感受到"科学技术是第一生产力"。所以，在往后的工作中，他更加注重学习。

一个工业电气自动化专业的年轻人，在自己的专业领域工作一年后调往县委宣传部从事文秘工作，几年后又调到与自己所学专业不相关的税收行业，凭借着自己扎实的功底和好学的态度，得到了认可并做出成绩。毫不夸张地说，不管在哪个工作岗位，伊学义都能成为行业的佼佼者。

干一行爱一行，持之以恒地勤奋学习、刻苦钻研，这大概就是伊学义在平凡的岗位上做出不平凡业绩的原因吧。

第四章　驻天平村扶贫

主动请缨，驻村扶贫

　　为深入贯彻落实习近平总书记关于扶贫开发工作的系列重要讲话精神和中央、省、州委扶贫开发工作会议精神，2016年3月22日，延边州税务局派驻村帮扶工作队进驻贫困村，正式打响了汪清县天桥岭镇天平村精准扶贫、精准脱贫的攻坚战。

　　2017年6月，时任驻天平村的第一书记身体不适，延边州税务局准备改派其他人到天平村扶贫。得知这个消息的伊学义找到局长田骅主动请缨，理由很简单："想为国家和人民做点事儿。"

　　不过，姜玉杰此时并不赞成丈夫的决定。

　　汪清县是延边州下辖6市2县中的一个县，位于长白山腹地。县内群山连绵，物产富饶，还有虎豹出没，是东北虎豹国家公园试点区。

　　天桥岭镇作为汪清县下辖镇，算得上体面——街道四通八达，两旁店铺林立，市井繁华，人烟辐辏，几家挂着醒目招牌的宾馆和酒店颇为抢眼，为镇貌增色许多。这繁华景象的缔造者是天桥岭林业局，在木业兴盛的年代，天桥岭镇确曾辉煌过。

　　可如今，天桥岭镇的天平村是出了名的贫困村，房屋破败，道路损毁，资源匮乏，集体经济发展严重受限，扶贫工作的难度不言而喻。

做出驻林决定时伊学义已近知天命之年，身体大不如前，心脏和胃都出了问题。听说扶贫干部都得吃苦头，农村生活条件也不如城里，伊学义又一直对工作尽心尽责，姜玉杰担心丈夫身体吃不消，因此不同意他到天平村去。

扶贫工作队中有一个伊学义的好大哥，名叫赵志云，他是司机出身，文化水平不算高。赵志云不会用计算机，很多扶贫资料都是热心的伊学义帮着整理，伊学义忙不过来时，姜玉杰也常常帮忙。因此，即便还没有深入天平村，他们夫妻也对天平村有了一定的了解。

仅纸面上显示的，全村就有近百户贫困户，家庭年收入还不到2000元钱。看到村里的贫困户生活如此困难，这个温良贤惠的女人，默默打起了行李——有丈夫的，也有自己的。丈夫身体不好，她跟在身边才放心。

2017年7月1日，伊学义正式进驻汪清县天桥岭镇天平村，以天平村第一书记的身份驻村扶贫。姜玉杰伴着丈夫，在天平村安下了一个新家，为工作队的4名队员当起了义工——"厨娘"和打扫卫生的"服务员"。

带着妻子去扶贫，就此成为一段佳话，在吉林省第一书记群体中被广泛传扬。

有了妻子的大力支持，伊学义开启了人生崭新的征程。在天平村这片热土上，伊学义风里来雨里去，披星戴月，忘我工作，奉献着自己的才智。

凝聚干部，深入群众

伊学义入驻天平村前，天平村常住人口319人，共200户，其中贫困户87户，共140人。这些贫困户96%是因病致贫，他们或是有重大疾病，或是因劳作落下残疾、病痛，大多数是老年人，丧失了大部分工作能力。令人难以置信的是，有的老人还穿着带补丁的衣服和鞋子，扶贫工作的难度不言而喻。

俗话说："农村富不富，关键看支部；支部强不强，全靠领头羊。"作为天平村的第一书记，伊学义时刻牢记自己的使命。

伊学义刚上任便立即投身扶贫工作中。报到当天，他就组织召开村干部动员会，统一村干部思想，树立大家精准脱贫的信心。

为了做好工作，他给自己约法三章：一是做事要公平公正；二是不拿村民一针一线；三是不搞小团体。

伊学义知道，无论何事，只要做到公平公正，村民就不会有意见。吃人家的嘴软，拿人家的手短，如果你吃了拿了人家的就欠人家的人情，做事就无法公平公正。伊学义非常注意这些看似细微的自我要求。有一次，村民杨国义说什么都要请伊学义吃饭，他到村部磨叽了伊学义三天，伊学义也没有答应。最后，杨国义堵到了伊学义家门口，对伊学义说："伊书记，我请你吃饭不是有事求你，只是看你做事公平，什么都想着我们，才想请你吃顿饭表示一下我的心意。"伊学义拗不过他，和他一起去吃饭了，但在结账时伊学义还是坚决买了单。这件事情在村里传开了，从那以后就很少有村民再有请伊学义吃饭的念头了。此外，村里的村民大都沾亲带故，如果搞小团体，做事也无法公平。很快，伊学义在村中和村民们打成一片，对谁都一样，一碗水端平。

就这样，在不知不觉中，伊学义把村干部的心凝聚起来了，把党支部的战斗力增强了，在村干部和村民中树立了威信。他和村干部一起讨论天平村脱贫致富发展难题，确定发展目标，全面激发村民创业的热情。

伊学义特别注意工作方法，讲求工作实效。

作为第一书记，他尤其注重加强制度建设。指导健全了村里的各项规章制度，强化党员的教育管理，完善村党支部委员会、村民委员会两委会议事规则和决策程序，推进党务、政务、村务公开，使天平村各项工作进展迅速。

在伊学义没有进驻天平村前，村里的一些同志经常不参加村内组织的活动。伊学义到天平村后经常找他们谈心，关心他们的生产生活情况，了解他们的难处。此后这些人态度完全转变，无论村里组织什么活动他们都主动积极参加。在伊学义的带领下，许多村民积极向村党组织靠拢，不仅青年人积极写入党申请书，连60岁的老年协会会长李秀英和快70岁的邢大海都写了入党申请书。邢大海说："我是受伊书记的感染才想入党的,因为我从伊书记身上感受到了我们党的温暖,看到了希望。"

伊学义正是这样一个人,时刻牢记着入党初心,传递着党的阳光和温暖,点燃他人的希望和梦想。

党的阳光是什么?就是一系列惠民政策。但有些政策,村民们并不理解,伊学义通过上门走访、促膝谈心等形式与贫困户深入交流,了解村民需求的同时,也让他们了解党和国家的政策。

和其他地方的扶贫工作一样,天平村扶贫工作组对天平村的贫困户进行建档立卡,以落实精准扶贫政策。天平村建档立卡主要参考两个条件,一是家庭成员有无大病或残疾,二是家庭人均年收入有没有超过标准。因为家庭人口可能会有变化,每年的收入标准又不同,每年建档立卡的贫困户数量都会变化。但是不管村里有多少贫困户,伊学义都对这些信息非常熟悉,这得益于他夜以继日的走访工作。伊学义入驻天平村后,贫困户调整为92户,共144人,数量不少。天平村是天桥岭镇的镇中村,跨域较大,南边马鹿沟与北边狐仙堂相距十多公里,村民散落居住在各个角落。遇上天气不好,入户就像走迷宫,找不到村民的家,给扶贫工作带来了巨大的困难。

为了能尽快摸清村里贫困户的家庭情况,刚到天平村,伊学义就制订了贫困户上门走访计划并付诸行动。每天早上6点半,伊学义的爱人姜玉杰就把饭做好,伊学义吃完饭,开始一天的走访工作。

伊学义还记得他在村中走访的第一户人家。那是村里最贫困的王封余家，老两口80多岁了，大儿子王永利年过半百，有严重的智力障碍，女儿王永凤患有严重的心脏病，全家7口人全靠女婿打工养活。伊学义来到他们家，映入眼帘的是漆黑破败的危房，屋内家徒四壁，光着上身的王永利傻呵呵地对着他笑。伊学义看在眼里，疼在心上，没多想就脱了鞋上炕，盘着腿和他们聊家常。

像王封余这样的家庭，伊学义时时把他们放在心里，他已记不清楚有多少次给王封余家送药、送菜等生活用品了。2020年初疫情防控期间，为帮助这个家庭渡过难关，伊学义自掏腰包500元送到王封余的手里；2021年王封余的老伴去世，伊学义又从工资中拿出1000元钱交到了王封余女儿的手中，他们家料理后事人手不够，伊学义就和村民一起抬棺材。

让伊学义印象深刻的还有村里年岁最大的代凤友家。代凤友90多岁了，常年卧床不起，上厕所也只能在屋内解决，这导致他家屋里的味道很重。伊学义和队员一起来到代凤友家，一名队员当即就因为受不了这么重的味道出去了，伊学义却面不改色地走进屋里脱鞋上炕。

这些是伊学义上门走访的缩影。伊学义每到一个贫困户家庭，都是这样深入村民中，真正地把村民当作自己的亲人。

朱义、李兆利、石景发、王封余、张立彬、蔡清元、李肇满、赵桂兰、王敬周、张凤新、代凤友、李肇顺……大概一周时间，伊学义就走访了十几户贫困户，了解贫困户的基本情况。谁每个月要打5支胰岛素，谁常年吃药，谁有腰伤无法干活儿，谁腿脚不便，他都清清楚楚地记在自己的工作日志中。

他走遍了天平村的大街小巷，叽里旮旯儿，白天走不完，就吃完晚饭后继续下户，村里的贫困户家庭他去过多少家去过多少次已经算不清楚了。每到一家他首先要听村民跟他诉苦，再根据每家的实际困难提出解决的方法，告诉他们现在国家派党员同志来帮助大家脱贫了。

就这样，伊学义成为了村民们的知心朋友。有的村民在他走访完要走的时候，拉着他的手说："伊书记，我们不期望你能给我们什么，只要你能来听听我们的心里话，我们就心满意足了。"

深入走访为伊学义解决贫困户的实际困难奠定了基础。伊学义着手为贫困户制订脱贫方案。

伊学义为天平村的建档立卡贫困户提供了54个公益性岗位，帮助99人参保了"一张网"保险，他们每年能领到一笔固定养老金。每个贫困户家庭，贫困户家庭里的每个人，都装在伊学义的心里，一刻不曾放下。

就这样，伊学义慢慢走进一家家贫困户的心里，让他们把第一书记当成知心人、家里人。达成这一局面，有什么绝招？伊学义说他的绝招就是耐心倾听，倾听也是他扶贫工作中最暖人的一招。

在伊学义看来，没有暖不热的心，没有感化不了的村民。倾听村民的烦恼，就是一个理顺村民心气、和村民培养感情的过程。"心气顺了，感情培养出来了，下一步工作就好开展了。咱们的乡亲们，个顶个有情有义着呢。"伊学义颇有心得地说。

其实，伊学义的走访工作并不容易。不过他处理得游刃有余。

因为贫困户能得到国家政策的帮扶，所以村里有些老人争当贫困户。有一位70多岁的李大娘，为了能被认定为贫困户，和老伴办了离婚手续。李大娘情绪激动地找到伊学义，说自己地也没有，房也没有，孤身一人没有任何收入，而且还患有严重的心脏病，需要打针吃药，她想申请认定贫困户。伊学义对李大娘说："大娘您先别急，只要您符合贫困户的条件，一定给您办理。"伊学义安抚好李大娘，让她回家等消息。紧接着，伊学义通过走访了解到，李大娘有两个儿子，他们工作不错，生活也很富裕，她的老伴是退休工人，每月有退休金，他们家并不困难。伊学义找到李大娘的老伴，没等伊学义说话，他就情绪激动地喊道："凭什么不给我老伴认定贫困户？她现在什么都没有。如果你们不给办，我就是告到北京也要给她办理贫困户。"伊学义没有和他争辩就离开了。快到午饭时他又去李大娘家走访，进屋就看到老两口的餐桌上又是鱼又是肉。伊学义也没有说什么，只是让一起去的队员给他们拍照。晚上，伊学义又去了李大娘家，李大娘和老伴都在家里，老两口其乐融融，伊学义也没有说什么，只说来他们家串串门，又让队员给他们拍照。通过走访，伊学义心里就都明白了，不过他没有对李大娘说破这些事情。他找到了李大娘的儿子，给他讲清楚认定贫困户的条件，并诚恳地对他说：

"劝劝你母亲吧，家里生活条件也不错，别让你母亲争做这个贫困户了，她有心脏病，年岁还这么大，认定不上贫困户不说，再把她气倒了就得不偿失了。"李大娘的儿子很是通情达理，回家就劝母。几天后，伊学义看到李大娘在鞋摊前要买鞋，上前对李大娘说："大娘您别买了，咱们村里的爱心服装店里有鞋……"伊学义问清楚李大娘的鞋号，回到爱心服装店给李大娘挑了一双鞋子，又估摸着挑了两条运动裤，送到李大娘手里，还亲自送她回家。从此，李大娘再也没有找伊学义要求认定贫困户了。伊学义就是这样，用耐心、爱心和真情，温暖了全村人，化解了矛盾，拉近了彼此间的距离。

"到了贫困户家里，上炕就两腿一盘，一唠半宿。听那些没完没了的陈年旧账，七百年谷子八百年糠，伊书记的耐心劲儿，我是真服！"驻村扶贫队员、伊学义的老搭档赵志云不止一次地感慨道。

赵志云来天平村扶贫的时间比伊学义早，即使后来退休了，依然坚守天平村，开着自己的私家车，义务拉着伊学义四处奔波——不图别的，图的是跟伊学义一起做事，无私，心里敞亮。

伊学义就是这样一个让人愿意与之共事的人。他无时无刻不在为村民付出，他一天中的大部分时间，不是在村民家，就是在去村民家的路上，如果都不是，可能就是在跟村民通电话。

伊学义有两张电话卡，每张电话卡都有500分钟的免费通话时长，每月1000分钟，一般人很难用完，但伊学义根本不够用。有急事的时候，他一天得打六七十个电话，一般人哪受得了。伊学义也一样，有段时间他一打电话就头痛。

除了打电话沟通，伊学义还利用网络资源搭建沟通平台。为了能将党的惠民政策及时通知到每家每户，伊学义以村小队为单位，在贫困户中选出信得过的5名村民做扶贫联络员，建立贫困户及子女微信群、扶贫包保党员微信联络群。这些措施，及时将党的一系列惠民政策通知到各家各户，让党的阳光照耀到每个贫困家庭，温暖了每名村民的心，使党的惠民政策不落一户，不落一人。

伊学义的工作时间，被这些大大小小的事情挤占得所剩无几。他根本忙不完自己的工作，回到家还要继续忙碌。

白天忙完，晚上他还要整理资料，写扶贫日志，经常忙到深夜才能休息。每天坚持下来，伊学义每个月都能撰写出2万多字图文并茂的扶贫日记，形成了扶贫日志、村志。这不仅是他扶贫的记录，更是他和村民们之间真挚感情的记录。

时间的付出只是一方面。作为一名党员，伊学义主动关心村民的生活疾苦，还经常自掏腰包为困难村民买药、买食物，遇上节假日，他掏得更多，中秋节为村民送月饼，都是常事。

付出时间，方法得当，掏出真心，伊学义越来越被村民认可。在扶贫过程中，通过上门走访等多种方式沟通，他多次做通村民的思想工作，让村民对国家政策从不理解到理解，平息了多起上访事件，为村民们解决生产生活矛盾几十起，还多次化解村干部与村民之间的矛盾。

伊学义为梁书平打赢了拖了5年的土地官司，还让这个愁眉不展的家庭住上了新房。

他解决了贫困户张风新田地被外村村民污染的纠纷。

他帮助村民张立友要回了多年被别人占去了的土地。

……

不久后，伊学义的扶贫工作初见成效。越来越多的村民因为伊学义的到来过上了更好的日子。

要致富先修路

要脱贫，路先行；要致富，先通路。盼望已久的天平村农业生产的必经之路修筑项目，在2017年7月25日上午7时58分正式启动。

天平村的耕地，大多在天平村与四方山之间。天平村连接四方山的路至关重要，承载着支撑村民生产生活的重要使命。

延边州税务局扶贫工作组进驻天平村之前，这条路还是泥路，损毁较重，路面坑洼难行，雨天积水，晴天扬尘，春天翻浆，泥泞不堪，严重影响村民正常的生产生活。

延边州税务局局党组高度重视天平村的基础建设，并一致认为：精准扶贫，交通先行，要想实现脱贫，基础设施建设应该摆在首位。

⊙ 天平村未修筑的路

⊙ 天平村修好的路

2016年，为解农业生产的燃眉之急，延边州税务局出资5000元对该路段进行了应急性维修。由于投资少，只是用炉灰渣子进行了简单的铺垫，经过近一年的雨雪冲刷、车辆行走，该路又恢复了过去水洼遍地、泥泞不堪的状态，严重制约了全村的农业生产与经济发展。

为从根本上改变这种状态，2017年，延边州税务局局党组决定加大投资力度，协调了20万元资金，准备一次性修好天平村这条开展农业生产的必经之路。

根据国家开展农业生产道路的修筑标准，该路段按山岭重丘区四级公路标准设计，修筑的道路总长2.186公里，路面宽度4.0米，路面面层厚度15厘米，道路两侧设深度0.5米、底宽度0.4米的梯形边沟。为满足种植黑木耳的排水需求，防止浇地水冲刷路面，设置6道过路涵管，每道过路涵管采用内径为30厘米、长度为6米的钢筋水泥涵管。

该项筑路工程预计在20天内完工，届时将有100多公顷农田、黑木耳基地和150多户村民直接受益，为天平村的农业产业发展彻底扫清"障碍"。

伊学义高度重视这条路的修筑。

刚到天平村一周，伊学义就带着记者走访了居住在即将要修的路边上的赵庆久家，了解了赵庆久对修路的想法。

2017年7月19日，伊学义到镇里主管修路项目的徐冲力办公室，咨询项目进展。

村民付英维家附近有条小河沟，一到雨天就影响出行。伊学义不断到施工现场询问了解，希望给这条小河沟修个涵洞，又担心涵洞带来积水，影响付英维家的生活，就此数次与项目设计员沟通。

带着村民关心的问题，伊学义多次找施工方协调，甚至去镇上办事时，碰到筑路工程的设计员，他也要拦下人询问工程的施工情况。

不管村里的工作多忙，伊学义都会找时间到现场查看情况，询问了解施工的进展和质量，最大限度地保障村民的利益。

延边州税务局也时刻关注着筑路工程的进度，局里多次与伊学义交流施工过程中遇到的问题，遇到村民和施工方意见不统一的情况，伊学义一定会尽力协调，保证施工的顺利进行。

2017年8月31日，伊学义与村民代表验收新路，他郑重地在验收单上签下了自己的名字。原计划20天完成的筑路工程终于竣工，历时38天，用时接近原计划的2倍。中途遇到了多少困难可想而知，正是有了延边州税务局做为强大后盾，有了伊学义扶贫工作组的持续关注，筑路工程才得以圆满竣工。

道路修好后，伊学义又向镇上申请，在村内部安装了7盏太阳能路灯。天平村的道路焕然一新，雨天不再泥泞，晴天不再扬尘。明亮的路灯不仅照亮了天平村漆黑的夜晚，也驱散了多年来笼罩在广大村民心中的出行难阴霾。延边州税务局为天平村的村民营造了一个安逸舒适的生活环境，也为村民的农业生产创造了便利条件。

"两不愁三保障"

《中国农村扶贫开发纲要（2011—2020年）》提出，到2020年我国扶贫开发针对扶贫对象的总体目标是"稳定实现扶贫对象不愁吃、不愁穿，保障其义务教育、基本医疗和住房"，简称"两不愁三保障"。

"两不愁三保障"具体指：确保贫困人口不愁吃、不愁穿；保障贫困家庭孩子接受九年义务教育，确保有学上、上得起学；保障贫困人口基本医疗需求，确保大病和慢性病得到有效救治和保障；保障贫困人口基本居住条件，确保住上安全住房。

围绕着"两不愁三保障"的脱贫攻坚目标，伊学义从天平村经济着手，尽全力增加村集体和村民收入。

给贫困户设置公益性岗位，可以增加贫困村民个人收入，但这需要村集体的财力支撑，增加村集体收入自然成了伊学义的首要任务。"如果村集体经济不景气，还谈什么扶贫工作？"伊学义目标坚定，丝毫不松懈。干一行专一行，和以前做电工、文秘、税收工作一样，伊学义也逐渐成为抓经济的一把好手。

刚驻村时，抓党建之余，伊学义把主要精力放在落实扶贫项目上。

有一个投资50万元、产能50千瓦的光伏发电项目准备落户天平村，但是国家规定光伏发电项目不能占用农业耕地和林地。经过考察，全村只有村民王克君的废弃砖厂是矿山用地，可以用于光伏发电项目。伊学义找到王克君沟通，又召开村民代表大会确定了租地价格。后来镇里说租金不能用光伏发电挣到的钱抵交，得用村里的资金。伊学义心想，如果以后村里没有钱，就没法儿支付王克君租金，那不是让村民吃亏吗？伊学义不愿意村民吃亏，决定不租村民王克君家的地，项目暂时"流产"。此处不行就改别处，项目不能停滞。伊学义又找到村菌包厂办公楼前面的一块空地，但因为这里的输电线路隶属当地林业部门，光伏设备发出的电卖给国家后，返回的钱得打入林业局的账户，手续复杂，林业局不同意这么做，又一个预案"流产"。后来，在与村民们的集思广益之下，伊学义决定和转角楼村合作，转角楼村也申请了光伏发电项目，各项手续对接相对简单，他们村还有闲置土地，也同意天平村租用闲置土地。辗转一年之久，天平村的光伏发电项目终于成功落地变现，每年为村里增收45000元。

为了找到落地光伏发电项目的土地，伊学义走遍了全镇每一个角落。有一天，伊学义正在山上勘查土地，天空中忽然乌云密布，接着刮起了大风。深秋的北风带着丝丝寒意，伊学义衣着单薄，冷得浑身打寒战。未来的勘查之路不知还有多长，躲过这次大风，可能还会有大雪，想到这些，他十分伤感。但是，为了天平村的村民，为了天平村的集体经济，他咬咬牙坚持了下来。一个产业项目落地是多么难的事，这期间，伊学义走过的每一步路都留下了他奔波的脚印，印刻着他改善天平村集体经济状况的决心。

除了光伏发电项目，伊学义还针对扶贫工作成立了榨油厂。

为什么要成立榨油厂？因为伊学义发现当地种植黑木耳需要大量豆粕，为了获取更多豆粕，豆油也成了增加经济收入的副产品。但是，村里的榨油设备落后陈旧，榨出的豆油质量不高，沉积物比较多，很难卖出去。建榨油厂也不是一件容易的事儿，没有资金，一切都不好办。伊学义找到时任延边州税务局党组书记、局长的田骅，田骅局长亲自到村里了解情况，认可了伊学义的想法，决定筹集资金在村里建榨油厂，并将此事全权交给伊学义办理。

为了成立榨油厂，伊学义几次去几百里之外的松江镇盘道村考察，从大豆种植地到榨油厂设备的来源，伊学义都了解得清清楚楚。了解清楚这些，还要挑选质量过硬的榨油机，他又辗转于长春和哈尔滨的数个厂家，夜里住小旅店，白天到处看设备……

榨油厂刚建成，为使榨油厂项目为村集体创造出更大的经济效益，伊学义又费了九牛二虎之力将榨油厂承包出去。伊学义的决定是对的，榨油厂外包收益丰厚，当时局里投入22万多元购买设备，榨油厂建成当年就创收11万多元。榨油厂投入生产两年半后，村里就已经收回了用于购买设备的近一半资金。

伊学义还重新启动了农机合作社项目。农机合作社本是延边州税务局扶贫工作的重点投资项目，2016年，局里投资43万元，为村里购买了一台大豆收割机、一台水稻收割机、一台拖拉机、一台拖板车，成立了村农机合作社，培训了4名机手。第一年秋收时，村里雇用这4名机手进行收割创收，却只赚了4500元钱。4500元，投入与产出完全不成比例，还不如把这笔投资存到银行获取利息呢。"不行，得承包出去。"2017年，刚到天平村的伊学义很快发现了问题所在，一下子就想到了对策。

2017年，延边州税务局又投资20万元新购置了一台水稻收割机。伊学义和工作组研究决定，将设备全部出租，出租获得的租金用在本村扶贫工作上。承包出租意见达成一致后，伊学义起草农机出租方案。按照镇里财务所许冲力所长的建议，承包利润不能少于总投资的7%，63万元的农机设备，租金每年至少要达到4.41万元。伊学义根据所长的提议，拟好农机承包出租方案，召开村民代表大会。伊学义主持代表大会，通报了《天平村农机出租公告》，并向大家宣布承包出租竞标基础价为4万元。大家一致赞同出租方案，并一致通过了《天平村农机出租公告》的内容，认为方案和公告公开、公平、公正、透明。杨国军、李兆利当场就报名要承租全部农机。会后，村委将《天平村农机出租公告》盖上村里的公章，一份张贴在村外面的墙上，一份张贴在村部院内的公告栏上进行公示；同时，委托参会的村民代表将《天平村农机出租公告》的内容通知本组村民。

后来，农机合作社为村民增产创收提供了方便，每年收入红利5万元，远超成立之初的4500元。

要想达到扶贫的目的，光有这些项目还远远不够，还要开发新项目。

2018年初，伊学义接到了一个推广种植黑果的电话。黑果，学名黑果腺肋花楸，属蔷薇科，高可达3米；果皮紫黑色，果肉暗红色；5月开花，6月至7月结果。对方在电话里保证，只要购买他们的树苗，结的果实他们公司负责收购。天平村的贫困户每家都有院落，如果在院子里种上几十棵黑果树，卖黑果可以增加收入。但去对方公司考察黑果项目时，伊学义敏锐地察觉到，果苗公司承诺收购果实，但不保证收购的价格。黑果不能生吃，只能深加工，如果果实被低价收购，村民将会损失惨重。于是他果断放弃这个引种项目，改去百草沟镇丽城村考察农田种植人参项目，去大连鲅鱼圈考察黑木耳菌袋的生产技术……开发项目，既要考虑项目应符合天平村的村情，还要评估项目风险是否相对较低。

项目考察了不少，伊学义有一条坚定的原则——必须为延边州税务局每分钱的投资负责，绝不能凭着一时头脑发热让单位的钱打了水漂，那不仅是对单位的不负责，更是对村民的不负责。

扶贫大业重如千钧，作为天平村的第一书记，伊学义不能盲目行事。

辗转各地，行程数千公里，伊学义最终确定了适合天平村的最优产业方案。

其实，处于东北的天平村和周边农村一样，早就形成了自己的黑木耳产业链。

中国最好的黑木耳出在东北。吉林省长白山一带地处北纬42°至43°之间，气候冷凉，日照充足，昼夜温差大，空气湿润，森林覆盖率高，水质一流——长白山、阿尔卑斯山和高加索山并列为世界三大矿泉水产地，这得天独厚的自然条件孕育出的黑木耳肉肥厚，富含胶质，口感脆嫩，品质极佳。而汪清县是吉林省黑木耳的三大主产地之一，天桥岭镇则是汪清县种植黑木耳最多、最早的地方。一方水土养一方人，黑木耳产业，早已在这片土地上形成了成熟的产业链。

天平村正是一个坐落于这个纬度带的村庄，享有黑木耳种植得天独厚的自然条件。

天平村黑木耳种植的这条产业链，由一家一户的小作坊组成。传统黑木耳种植是直接种植在木头上的，但由于产量低且树木限伐等，黑木耳种植早已由木头种植改为菌包种植。菌包种植黑木耳，要先把木屑加工成菌包，将黑木耳菌种放入菌包，再放到特定的养菌室（定植车间）进行养菌，等到45天后，菌包里面长满菌丝就可以放到地里浇水，让黑木耳生长了。

养菌对环境的要求很高，传统的家庭养殖很难达到要求，高能耗、高污染是常态问题。种植户的养菌室，不是卫生不达标，就是湿度、温度不合适，甚至还出现过养菌室发生火灾的情况。

一定要引进黑木耳定植车间！问题不解决，黑木耳的产量就难以提高，种植户的人身安全也得不到保障。伊学义内心很坚定。

⊙ 伊学义（右）在村民赵庆久的黑木耳地里查看黑木耳长势

黑木耳定植车间，是通过现代化种植技术集中为种植户栽培养菌，用科学的手段恒定养菌室的湿度和温度，卫生合格，环境优质，既能确保黑木耳的出菌率，也能保障种植户的安全。

引进黑木耳定植车间的过程很艰辛。经过多次与相关部门沟通，经过伊学义的往返奔波，天平村终于拥有了自己的黑木耳菌包厂，也拥有了科技含量较高的黑木耳定植车间。种植户利用定植车间栽培养菌，降低了小作坊栽培养菌的危险性，大大提高了黑木耳的出菌率，增加了收入。

在伊学义的努力下，天平村不仅拥有了自己的黑木耳定植车间，还凭借地方资源优势获得了630万元投资。这笔投资被用于建设黑木耳菌包厂，安装了日产5万袋的黑木耳菌包生产线。单是这一个项目，村里每年就能分红8.4万元。

为了提高菌农的收入，伊学义一直非常用心。

有一年春天，受市场波动影响，用于种植黑木耳的木屑原材料涨价，镇内的其他大小菌包厂联合起来将菌包的价格上涨。由于菌包的价格涨得太多，全镇四五十户菌农集体到镇里上访。但为菌包涨价是市场行为，镇里也无法协调。在这期间，伊学义和菌包厂的负责人商量，负责人承诺，天平村的菌农在本村菌包厂加工菌包，每袋价格比其他菌包厂低3分钱。3分钱不算多，掉到地上可能都没有人愿意拾起来，但20万个3分钱可就是6000元钱。村里的菌农每户都要种至少10万袋黑木耳，大户种得更多，有20多万袋。伊学义召开全村菌农大会，宣布加工菌包价格低3分钱这个消息，喜讯很快就传遍了全镇的菌农及菌包厂，最后在天平村菌包厂的降价影响下，全镇其他菌包厂也没有把菌包的价格涨上去。伊学义的努力，不但保护了全镇菌农的利益，也起到了稳定市场的作用。

村里的菌包厂和定植车间扶贫产业项目不但让全村及全镇的菌农受益，还为全镇村民提供了就业机会，菌包厂开工时能提供50多个工作岗位，天平村凡是想干活儿的人都能到厂里工作。看大门的村民朱春喜每月工资2400元，学徒工徐薇每月能拿到近4000元，负责做饭的赵玉梅每月能拿到3500多元，技术工唐元君每年能拿到7万元。

村里菌包厂的投产运行，带动了全镇的黑木耳产业项目，全村有43户村民种植黑木耳，全村一年种植黑木耳400万袋。黑木耳种植是人工密集型产业项目，冬天就开始做菌包，大年三十都不能闲着。从春天开始种植黑木耳到秋天10月份收成，全镇需要大量的工人，尽管每年从外地涌入的工人很多，但还是经常出现用工荒。因此，在天平村凡是想挣钱的人就都有活儿干，贫困户更是通过扶贫产业项目实现了脱贫。

为了提高黑木耳产量，伊学义带领工作组和养殖户转变传统观念，推行黑木耳工厂化生产，引领黑木耳产业由高能耗、高污染，由一家一户的小作坊式生产向机械化、工厂化的生产方式转变，推进黑木耳产业标准化、产业化、集约化发展。这也成了种植户时常挂在嘴边的美谈。

不夸张地说，每个项目的落实，都扒了伊学义一层皮。

如今的天平村，拥有属于自己的黑木耳菌包厂、黑木耳定植车间、太阳能光伏发电、榨油厂、农机合作社等产业项目，提供就业岗位70个，实现年红利38万元。

此外，在村里道路亮化、美化及开展农业生产道路、农田水利设施等基础建设上，伊学义协调到了500多万元资金的投入。这些资金足以保证扶贫工作组工作结束撤点以后天平村产业项目的长期有序发展，这些举措也得到了财政部领导的认可。

牵挂村民生命财产

天有不测风云。就在伊学义驻村工作队有条不紊开展扶贫工作时，上天开了个不小的玩笑。2017年，天桥岭镇发生了特大洪水灾害，在危急时刻，伊学义与全镇党员干部一起，没有借助任何防雨工具，顶风冒雨连夜转移村民，保障村民的生命安全。

2017年7月19日，天平村大雨倾盆，河水暴涨，堤坝决口，形势岌岌可危。有人劝体弱多病的伊学义撤退，他却斩钉截铁地说："有了灾难就扔下村民，还算什么共产党员！"因情况紧急，他在没有任何雨具的情况下，穿着单衣单鞋冲进大雨里，蹚着泥水路，挨家挨户地砸门呼喊，疏散了一批又一批村民。

⊙ 伊学义（右）与妻子姜玉杰用募捐来的布料为村民做被套

　　来到82岁老人王封余夫妇家时，伊学义蹚着没膝的积水，连喊带砸地敲开老人的家门。水位还在上涨，危险正在逼近，老两口和他们50多岁的智障儿子却死活不肯离开自己的家，伊学义劝不动，又不能硬来……雨水和汗水淌满了伊学义的脸。时间一点一点过去了，在伊学义苦口婆心的劝说下，老人总算答应撤离。一路颠簸，伊学义终于把他们送到了安置点。当所有村民疏散完毕，已经是凌晨两点多了。疲劳、淋雨加病痛，推开家门的那一刻，伊学义的腰都直不起来了，妻子姜玉杰心疼得直掉眼泪。

　　伊学义忍着病痛，挨家挨户走访受灾户。得知有两户村民家受灾严重，孩子刚考上大学却凑不齐学费，他当即从镇里跑到县里，再联系省里有关部门，为这两个家庭分别争取到了3000元钱的助学金，解了他们的燃眉之急。

　　灾后即旱，村里的输水渠又被大水冲毁尚未修复，上百亩水稻正值抽穗扬花之际，如供不上水将全部绝收。伊学义及时协调，为村里购买了两台大型水泵机及1000米电缆，挽回了几十万元的经济损失。

　　2018年，依旧是不平静的一年。这一年，天桥岭镇发生了特大山火，伊学义依旧勇于担当冲在一线。他白天与村党员干部一起奋战在扑火现场，夜晚为防止山火死灰复燃，在漆黑寒冷的旷野里值班站岗到天亮。

　　天平村每年雨季都会有一场为躲避水灾而转移村民的迁徙，因为一到雨季，上游的春阳水库就需要泄洪。2019年8月中旬，连续几天，地质灾害气象风险都是黄色预警。8月18日这一天，瓢泼大雨下了整整一夜，伊学义白天已经把住在河边黑木耳地里的村民全部转移，可有的村民舍不得辛辛苦苦栽种的黑木耳，偷偷回到河边简易房。入夜后，得知情况的伊学义和队员赵志云、罗瑞嵩、高志腾来到河堤上观察河水流量，再次把人们全部劝离。刚刚松了一口气，伊学义又得知镇火车站附近因为地势较低，部分村民家里进了水，尤其是王敬周家，危房里的水漫上了炕，一家人束手无策。伊学义急忙带人赶过去，帮助他们连夜搬家。

保护村民的生命安全，是伊学义心系的头等大事。不管遇到什么困难，他总是冲到最前线，彰显共产党员的担当和勇气。

天灾不可控，河流常在夏天失控。除了牵挂灾情中的村民，伊学义还时刻牵挂着村民中的"更困难"者，尤其是贫困户。

天平村的贫困户，大多是因病、因残致贫。贫困户身体不好的居多，年纪大的居多，虽然住院治疗有新农合医保，但买药难、买药贵一直是伊学义的另一块心病。一心为村民省钱的暖心书记又开动脑筋了……

2017年12月，伊学义和赵志云决定在镇上找一家肯做出较大让利的药店，作为天平村贫困户的定点药店。他们最先来到天桥岭镇的一笑堂药店，给身在广东的药店经理打电话咨询，对方有合作的意愿，说回来详谈。接着，他们又来到伟业药店，这家药店实力很强，仅在天桥岭镇就有三家分店。伟业药店的丁总对伊学义的方案也很感兴趣，只是在让利幅度方面还需协商。

那段时间，刚好遇上吉林省扶贫第三方检查组来检查。伊学义特别忙，但他依然抽空跑药店。

2018年2月，几经遴选，扶贫定点药店落实在镇上的天岭大药房。天平村的所有村民，不只是贫困户，只要在这家药房买药，都打八五折。

天平村没有诊所，伊学义又牵头为全镇23个村的村民建立了扶贫健康微信群，请来医生在群里为患病村民做"网诊"。他还联系延边大学附属医院（简称延边医院）派医生到村里为村民义诊，争取做到小病不出门、大病早发现，尽力把村民因病致贫、因病返贫的隐患消除在萌芽中。

这些便民举措，惠及的面很广。原先，伊学义的惠民工作主要面向天平村，这一次，他解决了5个村吃药贵、吃药难的问题。定点打折药店、扶贫健康微信群、义诊，一项又一项服务村民的措施，让天平村的村民甚至天桥岭镇的所有村民都享受到了国家的惠民政策。

这些措施听起来容易，但做起来特别难。可能只有伊学义和姜玉杰才知道，这名暖心书记为解决买药贵、看病难问题付出了多少心血。

第五章　夫妻同心共扶贫

妻子的大力支持

伊学义读大三时与姜玉杰相识相恋，1990年12月，两人步入婚姻殿堂。从此，两人携手同行，相互扶持。

为了照顾伊学义和儿子伊民，姜玉杰曾全职在家。现在，伊学义在天平村驻村扶贫，姜玉杰又紧紧相随。

伊学义对贫困户的付出深入人心，贫困户懂得感恩，经常会抓一把园子里的菜、捡几枚鸡窝里的蛋塞给伊学义和队员。姜玉杰非常有原则，她看见贫困户过来送东西，会少见地从温柔中迸发出底色里的倔强，不但会发火，还要找到村民家付钱，付两倍、三倍的钱，扔下就走，村民不要根本不行。渐渐地，村民都知道了，给姜玉杰送礼相当于变相高价卖给她土产。

姜玉杰手艺好，心尤其善。一天下午3点多，伊学义回到出租屋，看见姜玉杰在厨房忙得正欢，灶台的帘子上摆放着几十个香喷喷的酥饼，锅里烙着十几个半成品，而她的手里还和着一大盆面。

姜玉杰面颊赤红，满头是汗。

嘿，今晚队员们有口福了！妻子烙酥饼的手艺传承自老母亲，堪称一绝。可是工作队才4个人，烙这么多干吗？伊学义心生疑惑。

伊学义拿起一张酥饼就咬，一边吃一边问妻子。

姜玉杰用手捶着酸痛的腰，微笑着说："这是给贫困户做的。你快来帮我，赶天黑前做完送去，到明天口感就差了。"

贫困户中女性比例不小，为了沟通更顺畅，伊学义喜欢带着妻子一起去走访。可是他没想到，每走一家，都等于把一块石头压在妻子的心上，几天下来，这些"石头"压得她透不过气——她太善良了。怎么才能尽快帮到他们呢？哪怕只是小小的慰藉也好。姜玉杰情急智生，一个念头跳了出来："要不送点粮食给贫困户吧！"她想起了自己的绝活儿，于是先做了几十个酥饼，试探着送给了贫困户张淑芬阿姨。张阿姨高兴得紧拉住她的手不放……

妻子越讲越来劲儿，揉面的劲儿也更大了。

伊学义知道妻子对村民上心，心里又高兴又感动。其实，早在伊学义进驻天平村之前，姜玉杰就坚定了为村民做点事儿的想法。和伊学义一起帮赵志云整理资料时，她看到村民身上穿的都是很多年前洗得发白了的蓝布衫，脚上穿着摞补丁的鞋子，尤其王封余一家，两位老人年近90岁，卧床不起，50多岁的单身儿子还是个智障……看到这些，想到他们的苦，伊学义心里难受，姜玉杰更是心疼。他们在城里过着不愁吃不愁穿的好日子，从没想过，农村还有这样一些人，他们愁吃愁穿，因为没有钱，生病了也硬是挺着。

⊙ 伊民（左一）在天平村帮忙

看着妻子满头的汗水和赤红的脸颊，伊学义眼窝发潮。

妻子患有心肌梗死，身边常备速效救心丸。在乡下哪有在延吉市就医方便？妻子不仅无怨无悔地跟着自己，还时刻想着村民的温饱问题，主动为村民烙饼。

伊学义撂下咬了一半的酥饼，帮妻子打起了下手。两口子忙到晚上7点半，做了120个酥饼，分装进12个袋子，连夜送到了贫困户手中。

姜玉杰一门心思全在丈夫身上，就像忘记了自己有个儿子一样。

儿子伊民在深圳工作，一直是租房住。众所周知，深圳的房价较高，在深圳买房，伊学义夫妻想都不敢想。伊学义一直乐善好施，家里并没有什么积蓄，所以，他们两口子干脆也不想这件事情了。他们认为，为子女攒下金山银山，如果孩子自己不上进也没有用。

他们经常给孩子打电话对他说，人生在世，钱不是最重要的，做一个对社会和人民有用的人才是最重要的。伊学义还对儿子说过："父亲没有给你在物质上留下什么，只是给你留下了精神财富。"

在伊学义和姜玉杰的影响下，伊民树立了明确的人生理想，传承了父母的优秀品质。伊民读大学时就加入了中国共产党，他假期会主动到村里来帮助父母开展扶贫工作，帮助他们到村民家里搬运粮食，冬天下雪，他还起早到村里去扫雪。

"儿子上进努力，心地善良，让他自己去闯吧。孩子有孩子的世界和未来，就别老想着给他买房的事儿了。"

姜玉杰不是不管儿子，而是和丈夫一起，给了儿子更广阔的天地。

零加价超市

妻子的支持是催化剂。伊学义很快又冒出一个"贪念"，说他是"得寸进尺"也不为过。

村里的基本情况他早已摸清，扶贫增产项目也逐渐为天平村创造效益。怎样全方位地帮贫扶贫，不仅开源，而且节流，这个难题日夜盘桓在伊学义心头。

想起以前逢年过节去批发市场买礼物送给亲戚长辈的经历，伊学义计上心头——在镇里为贫困户开一家"零加价超市"。

伊学义是这样计划的：所有日用百货按进价售卖，为贫困户节约一部分开支。"节省开支，不就等于增收了吗？"别小看油盐酱醋、香皂毛巾，长期算下来，也是不小的数目。可是自己太忙，队员们各司其职，开超市需要进货、守店，这不是小时工，也不分淡旺季，而是全年、全天候的无私坚守。局里的扶贫计划没有这个项目，也没有安排对应的工作人员，更没有经费预算，这份工作非但零薪酬，只怕还得倒贴，肯做这赔本儿买卖的，还能有谁，也只有妻子了。

把妻子"拐"到乡下吃苦打杂不算，还让她当全职义工，这嘴要怎样才能张得开？

就着烙饼的余温，伊学义趁热打铁："我想开个零加价超市，按进价卖货给贫困户，能给他们省不少钱，你觉得怎么样？"

没想到姜玉杰眼前一亮："对啊，我怎么没想到！我以前就在百货大楼工作，进货、卖货，那是我老本行啊。就这么说定了。"

1998年，伊民上小学后，姜玉杰又重新找了份工作，在百货大楼当营业员，一直到2015年才退休。

不需要伊学义绞尽脑汁做动员，姜玉杰马上着手零加价超市的筹备工作，重回老本行。在夫妻俩的齐心协力下，2018年11月10日，筹备已久的天平村零加价超市试运行，姜玉杰从工作队的"编外队员"和"爱心厨娘"晋升为"零加价超市经理、采购部经理兼售货员"，身兼数职。

姜玉杰将热情投入零加价超市中。她心脏不好，心脏病发作时喘不上来气，经常在晚上犯病，救心丸时刻放在床头柜上。但她从不把自己当病人看。伊学义总是对她说："你进货时告诉我们一声，我们帮你搬货……"但她怕影响伊学义的工作，坚持自己完成。50斤一袋的食盐，100斤一袋的白糖，成箱的调料，都是她自己搬运，从来不找伊学义帮忙。不管烈日炎炎还是冰天雪地，超市里的商品全是她用小推车一车一车拉回来的。有一次气

⊙ 伊学义与妻子姜玉杰在零加价超市里查看商品

温高达35℃，人坐在屋里不动都要出汗，姜玉杰却推着小推车去进货。伊学义很心疼，忍不住责备她："你不要命了吗？"

过度的劳累让姜玉杰落下了肩周炎的毛病，平时梳头胳膊都回不了弯，够不到后脑勺。但她从来没叫过一声苦。

姜玉杰不仅干活儿卖力，而且做事细致。零加价超市的价签标得清清楚楚：香满园原味挂面，市场价5.80元，卖价3.90元；依明洁毛巾，市场价7.00元，卖价3.50元……

零加价超市的货从城里的百货大楼批发，卖价也是进货价。货物装卸和运输是体力活儿，往返的路费、购物包装袋等零碎费用，姜玉杰都没有计算在卖价里，而是全部自掏腰包。这些零零散散的支出琐碎如牛毛，姜玉杰往里搭了不少钱。比如进的白糖是100斤大袋装的，姜玉杰要把白糖分包成5斤一袋的小包装。唯恐贫困户吃亏，她给的斤两还会稍多一些，一秤一秤地称下来，掉秤的损失还得自己贴补。

几年来，只在零加价超市这一块"贴"进去的钱，就有3万多元。姜玉杰早已退休，没什么收入，"贴"进去的这些钱用的都是伊学义的工资收入。不仅如此，一次，伊学义发了奖金，钱还没打到卡里呢，姜玉杰就给安排出去了，"咱俩比村里的贫困户日子好过多了，这钱捐给他们吧。"

他们为贫困户付出的时候毫不犹豫。但没有人知道，他们夫妻俩的身上，从头到脚的行头加到一起，费用也没超过300元。

因为夫妻俩的无私奉献和爱心坚守，一直贴钱的零加价超市坚持开了下去，本是为天平村贫困户所开，除了服务天平村外，还惠及到天桥岭镇的天河村和天安村，不仅是贫困户受益，它还服务了3个村的全部村民。

天桥岭镇天平村是伊学义所在单位延边州税务局扶贫的对象，是延边州汪清县的下辖村。汪清县税务局也先后承包过7个村的扶贫工作，分别是新华村、转角楼村、椴树背村、北城子村、青沟子村、和盛村、平安村。天桥岭镇天河村和天安村本不是延边州税务局和汪清县税务局的扶贫村，可以说和延边州税务系统的扶贫计划毫无关系。不过这两个村比较特殊——这是两个朝鲜族村，村里的年轻人基本上都在韩国务工，留在村里的大部分是老年人，他们外出不是很方便。伊学义想，零加价超市已经得到认可，不如就顺便惠及天河村和天安村吧。

天平村的零加价超市开起来了，但有的村连超市都没有，村民们买瓶酱油也要跑十多里地。想到还有多个村未受益，伊学义夫妇又有了新想法，准备增加一项服务——送货下乡。

伊学义想到就马上落实。他向单位相关领导汇报了自己的设想，大家非常支持伊学义的想法，还帮伊学义安排了运货车辆。"零加价送货大篷车"就此启动。每个月，夫妻俩都要拿出几天时间，到汪清县各镇的村庄送货。进货、装箱、打包……他们只有随行司机，没有其他帮手，基本上所有的活儿都是这对体弱多病的夫妻在做。

送货下乡，卖的货也就更多了。和做生意的人不一样，别人卖货越多赚得越多，但伊学义夫妻正好相反，他们是卖货越多"贴"钱越多。以前是这样，现在送货下乡更是这样。靠着伊学义的收入，零加价超市支撑至今。

未来能持续多久？

"不知道，尽量坚持吧。"伊学义也不知道还能坚持多久，但他仍然继续着。

就像来天平村扶贫之前并没有抱功利目的一样，零加价超市也是"应爱心而生"的产物。夫妻俩饱含热情"贴"钱"经营"，并不确定零加价超市能支撑多久。但这并不重要，重要的是，在它存在的时间段内，它具有价值和意义，这就够了。

伊学义和姜玉杰的付出和辛苦，大家都看在眼里。

爱心服装店

零加价超市的影响力很快就凸显出来了。趁热打铁，伊学义夫妻又在隔壁新开了一家爱心服装店，二三十平方米的屋子被琳琅满目的服装鞋袜、床单布匹塞得满满当当。

别看这家服装店小，随便扯出一个标签，都是质地优良的新货。羽绒服、羊毛大衣、裙装、运动鞋……说它是一个小型服装鞋帽城，一点儿也不为过。

这是零加价超市之外天平村的又一扶贫特色，充分体现了第一书记伊学义的"暖"。

其实，早在2017年，伊学义刚到天平村不久，他就组织干部为贫困户捐赠服装。村干部积极参与，不过捐赠的服装毕竟有限，种类也较单一。

为了让贫困户拥有更多选择，伊学义没少想办法。

念念不忘，必有回响。2018年，伊学义荣获全国脱贫攻坚贡献奖，他是全国税务系统唯一获此殊荣的税务干部。2018年10月17日，全国脱贫攻坚奖表彰大会暨首场脱贫攻坚先进事迹报告会在北京召开，伊学义到北京参加报告会并领奖。

在同其他获奖者交流的时候，伊学义敏锐地捕捉到了来自浙江的周秀芳老师透露的一个信息：她有好几名企业家学生，经常把一些积压的外贸原单正品服装用于慈善活动。

伊学义眼前一亮，心跳都几乎不正常了——如果能够促成爱心慈善家和天平村贫困户点对点对接，可解决天平村的大问题了！

善和善的碰撞很容易迸发出火花，没费什么周折，这件事就此敲定。周秀芳老师亲自到天桥岭镇给天平村捐赠了价值15万元的物品，当场为天平村每户村民发放两双鞋子。此后，崭新的服装一次次从浙江飞到延边州，再托运到偏远的天平村，让天平村贫困户不仅满足了穿暖的基本需求，也实现了穿好的愿望。

爱心服装店筹集到的服装很多。自己村的贫困户穿不完，再转捐给州里其他贫困村，曾资助了新华村、转角楼村、椴树背村、北城子、青沟子、和盛村、平安村、天安村、天河村等十来个村的贫困村民，切实地解决了贫困户的一部分问题。

和零加价超市一样，省下钱，就等于创收，在为贫困户村民省钱上，伊学义一直都挖空心思。

随手翻动服装超市衣服的商标、价签，其中不乏上等货。这些衣服穿在任何一个人的身上，都不失体面。

和零加价超市卖东西只收成本不一样，爱心服装店的衣服都是免费的，对贫困户分文不取。

"这么好的衣服随便拿，贫困户会不会贪多，拿去送人甚至偷偷卖掉？那不很快就拿光了吗？不就违背了你们的初衷吗？"得知伊学义的善举，很多人都有疑问。

"起码到目前，我们村还没发生过这样的事儿。村民们虽然贫困或者刚刚脱贫，可是他们有尊严，爱脸面，懂分寸。有些贫困户甚至需要反复动员劝说，才会来挑服装。何况，如果他们把超市的服装转赠给有困难的亲友，或者是拿去孝敬老人、还人情，正符合我们的初心。我们办这个超市，不就是想为他们省点儿钱吗？"伊学义严肃地说。

对贫困户来说，伊学义是懂他们的。伊学义相信他的村民。

有一天，一位中年妇女走进爱心服装店，带着略微不安的表情，对姜玉杰说："大姐，我婆婆从老家来住几天，我想……想拿一件换季的衣服送给她，尽一份孝心。"

听闻是为婆婆带衣服，姜玉杰当然同意，这本就是伊学义开爱心服装店的初衷。姜玉杰马上让妇女挑选衣服。

伊学义深知，这些村民虽然贫困，却一直保有淳朴的民风——善良、宽厚、隐忍、任劳任怨，这些优秀品质既让伊学义敬佩，也让伊学义心疼。这就是他甘愿为村民无条件付出的动力之源。

在伊学义的扶贫工作中，妻子姜玉杰一直全力支持，默默付出的同时，也发光发热。他们携手并进，谱写出动听的扶贫之曲。2021年5月，在吉林省寻找"最美家庭"活动中，伊学义家庭光荣上榜，荣获吉林省"最美家庭"荣誉称号。

⊙ 2021年，伊学义家庭获吉林省"最美家庭"荣誉称号

第六章　扶贫升华幸福路

"村民就是我的亲人"

在天平村的贫困户中，有一个人比较与众不同。他本是意气风发的大学毕业生，如今却一直宅在家里不出门。

他是贫困户李如彬的儿子李洪超。

李如彬因病致贫，身患膀胱癌，四处求医，原本富足的家庭变得一贫如洗。李如彬的命从死神手里抢回来了，引以为傲的儿子李洪超却变了。大学毕业的他受不了打击，不出去工作，白天不吃饭，晚上不睡觉，体重锐减三四十斤，瘦成了"纸片人"。他不愿面对亲戚四邻，干脆把自己封闭在一间小屋里，终日闭门不出，一封就是3年。

李如彬夫妻俩每天以泪洗面，日子穷还不算，更糟心的是，邻居们都说，他们的儿子得了精神病。顶梁柱刚从死神手里抢回来，另一个家人又被说得了精神病，这个家还有活路吗？

2017年9月10日，伊学义敲开了那扇封闭3年的门。迎接他的是一具骨瘦如柴的躯体和一双冷漠的眼睛。不管伊学义说什么，对方都无动于衷。

要救治这个年轻人，先要从解决他家的困难做起。在伊学义的帮助下，李家被纳入建档立卡贫困户行列。伊学义还帮他们申请了低保，参加了延边州贫困户的医疗保险。看病不用全由个人出资了，压在李家头顶的大石头立刻被搬开了一大半。

李洪超开始允许第一书记走近自己。原来，他在大学期间谈了一个女朋友，因为家里贫困，女友决然离去。李洪超经受不住失恋的打击，又必须面对家境的窘迫，逐渐陷入自卑的怪圈当中，慢慢地，他才害怕见人……

伊学义一次次上门找李洪超聊天，聊自己的经历，聊天平村的变化，他去李洪超的家就像回自己家一样频繁。终于有一天，他觉得火候差不多了，于是试着问李洪超，可不可以走出家门，去长春市参加一个培训。李洪超沉默很久，慢慢点了点头。

李洪超参加的是吉林省为贫困学生举办的计算机软件培训班，为期3个月。脱离了原有环境，李洪超的最后一丝心结彻底解开。在长春市学习期间，他展现出了较强的学习能力，成绩突出，多家公司向他抛出橄榄枝。

2018年1月22日，趁伊学义回延边州税务局汇报工作，李如彬悄悄带着一面锦旗到伊学义单位。在局领导的见证下，他郑重地把锦旗送给延边州税务局，感谢扶贫工作组对他家的帮助，感谢伊学义对他儿子李洪超的帮助。

2018年底，李洪超家顺利脱贫。不久，李洪超的年薪达到了6万元，家里的条件也好多了。

因失恋、失业3年没出门的青年大学生告别了精神抑郁，重新

⊙ 2018年1月，李如彬为伊学义（左二）送来锦旗

扬起了追求事业的风帆。是伊学义一次次上门找他谈心，春风化雨，一点一滴滋润着他干涸的心田。现在的李洪超工作积极，收入稳定。李如彬逢人便说，伊书记是这个家的"救星"。

2018年10月，在"吉林好人引领风尚——培育和践行社会主义核心价值观"主题实践活动中，伊学义荣获"吉林好人·脱贫攻坚先锋"称号。颁奖大会上，李洪超作为伊学义事迹讲述者登台发言，他铿锵有力地说："现在的我对未来充满了信心。我感谢党的好政策，感谢党派来伊书记这样的好干部助力乡村发展。"

是呀，伊学义是个好干部，他更是村民心中的亲人。或者说，伊学义把村民都当作了自己的亲人。

扶贫项目、打折药店和义诊、零加价超市、爱心服装店，伊学义的扶贫措施越来越深入人心，贫困户有困难，首先想到的就是伊学义。伊学义心里装着贫困户，更多时候，还没等贫困户找上门，伊学义就先找到了他们。

贫困户丁玉兰，就是伊学义找上门的。

丁玉兰曾经是天平村的体面人，翻看她以前的照片，每张都在证明这一点，而这份富足美满，因她和丈夫双双患癌而突然中断。夫妻俩四处求医，虽然丁玉兰的甲状腺癌治愈了，但丈夫抱恨离去，给她留下了10多万元的债务。地，转租出去了，房，卖了，最悲情、最难堪的一幕发生在丈夫的葬礼上——10多个债主坐满炕沿，等着分配丧家办白事的"礼钱"……

丁玉兰不怪人家催债，山里人，哪家的钱不是浸透了汗水！

丈夫下葬后，丁玉兰也患上了重度抑郁症，每天傍晚，两个女儿陪着她在河边走啊，走啊……一直走到深夜，走到母女三人精疲力竭。她只敢在夜里出门，她要借助夜色这块"遮羞布"，免去撞见债主的尴尬。

面对找上门的暖心书记伊学义，丁玉兰的泪水止不住地掉，哭诉一件又一件伤心事：丈夫走后，大女儿和酒鬼女婿离婚，只能靠打零工抚养上中学的外孙；生活还过得去的小女婿最近也得了癌症……

"从来没人肯耐心听他们这些没完没了的唠叨，包括他们的亲人子女，听多了都烦。而这些情绪，适时倾吐出来对他们的身心健康是有益的。倾听就是疏导的手段之一。"暖心书记很懂心理学。

等丁玉兰把所有的痛苦翻来覆去倾吐了几遍后，伊学义发声了。他运用自己擅长沟通的优势，帮助丁玉兰逐项分析、排解，并制定针对她的后续帮扶措施，这是伊学义找上门的主要目的。

那一天，凝聚在丁玉兰脸上数年之久的愁云逐渐消散。虽然她的眼里还含着眼泪，可眉梢眼角都舒展了许多。

丁玉兰的年纪正好能享受延边州"一张网"养老保险，伊学义又帮她争取了其他项目：公益岗、低保、分红、扶贫鸡……这些项目让这个要强的女人能够靠劳动所得维持生活，过上有尊严的日子。

扶贫鸡，是伊学义试点的一个扶贫项目。2017年7月，伊学义

⊙ 伊学义（左）到丁玉兰家了解情况

刚到天平村几天，就想到了这个扶贫项目。7月10日，他向延边州税务局提交了为贫困户购买扶贫鸡雏的申请。第二天，局领导就同意了他的申请。几天后，天平村第一批申请扶贫鸡的贫困户收到鸡雏。这些鸡雏平均重一斤半到两斤，活蹦乱跳，成活率极高。

鸡雏并不是给贫困户吃的，是请贫困户养的。他们免费领取鸡雏，经过一年半载的养殖，再卖出去，收入全归自己。

年末，伊学义又自动变身"搬运工"和土鸡"贩子"。那些经他的手一只一只送到贫困户家里的鸡雏，经过贫困户的养殖，再经他的手一只一只取走卖掉。

2018年夏天，丁玉兰也收到了一批鸡雏。2019年1月，丁玉兰养大55只成鸡，收获6600元钱。

72岁的贫困户李兆满也是扶贫鸡项目的受益者。望着院子里悠闲觅食的松针鸡，他笑着打开了记忆的闸门："那可都是2斤重的大鸡雏哇，伊书记免费送给我们，年底还负责回购。"

李兆满老人没注意到的是，任凭伊学义磨破嘴皮子，2017年夏天，全村也只有9家贫困户报名养鸡。虽然伊学义动员一个多月让全村贫困户养鸡，但村民根本不相信还能有这样的好事情。

"只有成功变现才能提高他们的致富热情。"伊学义想。

为了让更多的贫困户能通过养鸡的途径赚钱，伊学义很卖力地销售天平村的扶贫鸡。卖鸡是个辛苦活儿，往往凌晨四五点就得爬起床，冒着零下二三十度的严寒，扛着编织袋往城里送鸡。累也罢，苦也罢，最难堪的是，土鸡在成长的过程中受到各种条件的制约，到年底，个头会有差异，伊学义按照市价120元一只定价，有的送进了各单位食堂，有的卖给了同事、亲戚。但有的鸡个头太小，确实很难卖出去，就算买家不挑剔，伊学义的脸上也挂不住……为了不减少贫困户的收入，伊学义脸面人情贴进去不说，还动不动掏自己腰包贴补，付给贫困户的，是雷打不动的120元。

这是贫困户一年熬到头的希望。几千块钱的卖鸡款，不仅决定他们能不能过一个相对富足的年，也决定他们来年能在生产上投入多少本钱。

伊学义不但帮助村民卖鸡，还成了各种农产品的"小贩子"，帮村民卖大米、豆油、玉米糁子、大豆、蔬菜、黑木耳等是常有的事儿。和开零加价超市，卖扶贫鸡一样，卖得越多就搭进去越多，因为伊学义抹不开面子，二三十元的东西卖给本单位的同事或是朋友，他常常不好意思要钱，东西就白送了，但村民这边是一分钱也不差。伊学义经常向外地的公司或是朋友推销本村黑木耳，他们都要伊学义邮几斤样品看一看，伊学义便自己掏钱购买黑木耳邮到外地去。这样的事情经常发生，但他就是无怨无悔、乐此不疲地去做。因为伊学义在意的就是村民的幸福生活，看到村民们挣钱，他的心里就会感到无限快乐。

在伊学义的定点扶贫指导下，丁玉兰和其他贫困户的年收入越来越高，可以说是芝麻开花节节高。2016年，全村贫困人口人均年收入2000多元钱；2017年，全村贫困人口人均年收入达到4517.2元；2018年至2022年，贫困人口人均年收入分别是5797元、

6972元、9343元、13113元、15363元，他们的生活水平也跟着水涨船高。

更值得开心的是，随着村里其他扶贫项目的开发和运营，扶贫鸡项目的初始基金由延边州税务局干部捐赠，变成了榨油厂收益支持。

这些改变，离不开伊学义的用心思考和不辞劳苦的奔波。

村民的日子越过越好，伊学义心里也高兴。但2019年5月的一天深夜，伊学义偷偷哭了。

白天，村长张明勇告诉伊学义，村里的建档立卡贫困户，67岁的仲兆胜出事了。他在镇外线的公路骑摩托车撞到了一辆农用四轮拖拉机，肋骨断了22根（人体总共有24根肋骨），锁骨骨折，正在延边医院重症监护室抢救，每天费用高达一万多块。据说仲兆胜的情况不太好。

伊学义的心一沉。仲兆胜老实厚道，他的老伴儿前几年得了乳腺癌，为了给老伴儿治病，家里欠了很多外债。他本人也因为车祸受过伤，一条腿留下后遗症，可是村里有事他总是第一个到场，干活儿从不惜力。被归入建档立卡户后，他们家的生活才有了好转，顺利脱贫。怎么出了这么大的事呢?

依着伊学义的性格，恨不得马上赶到近300里外的延吉去看望自己的村民，可当时州检查组正在镇上工作，他分身乏术。下班后，他立即来到仲家。仲兆胜的老伴儿哭着告诉伊学义，仲兆胜骑摩托车撞到了拖拉机，伤势很重，昏迷不醒好几天了。交警队说，仲兆胜是主要责任人，两个人都没驾驶证，所以赔偿的事儿需要自己协商。贫困户先住院后交钱的政策只适用于在汪清县住院治病，而仲兆胜的伤太重，必须送到延边医院去治疗……他家里没什么余钱，儿子也不宽裕，正在到处筹钱。

这些信息纷至沓来，把伊学义的心塞得满满当当的。他直觉有什么信息是缺失的，可这一丝直觉旋即被那些可怕的数字淹没了。

钱，钱，仲兆胜治病需要钱！

一个晚上，伊学义都没怎么睡。想到仲兆胜腿脚不方便却尽力帮村里干活儿的情景，伊学义心酸得偷偷流泪。第二天一大早，他就领着仲兆胜的老伴儿和儿媳妇来到镇民政所申请救助，又找到镇里主管扶贫的林秀钢书记、李宾江副镇长请求帮助。在奔波的过程中，伊学义得知贫困户住院看病有四次报销，新农合大病保险能报销两次，回到镇医院能报销一次，申请大病救助还能报销一次。他沉重的心情稍微缓解了一些，估算了一下，不管仲兆胜能不能被救治成功，看病的费用只是家里暂时垫付，层层报销下来，基本不会给家庭造成沉重的经济压力。

压在心头最重的那块大石头搬开了，那丝缺失的信息又浮现在伊学义脑海。仲兆胜骑摩托车撞了拖拉机，他应该是当即飞了出去摔倒在地，脑部受重伤能说得通，怎么会造成肋骨几乎全断的结果呢？这更像是遭到了重力碾轧！

事不宜迟，伊学义立即带着仲兆胜的老伴儿到林业公安局。民警为他调取了当时的监控录像，由于距离太远，影像模糊，细节看不清楚。

仲兆胜断掉的22根肋骨在伊学义的脑子里回旋。这不合常理，太不合常理了。他反复盯着监控录像，也许是因为心里先入为主，他大胆地提出一个设想：仲兆胜在撞车倒地后，又被拖拉机的后轱辘碾轧过去。"他的伤就是这样造成的。"伊学义相信自己的直觉。

县交警队并没有调取到相关的监控录像，伊学义的推断没被采纳。

距离事故发生已经十多天了，仲兆胜依然昏迷不醒。医生建议家属放弃救治。

"仲兆胜凶多吉少，我得抓紧时间，给他一个交代。"伊学义心急火燎。他再次到事故地点查看，意外发现，在距离事故发生地不远处，有一户人家安装了摄像头。

峰回路转，伊学义当即找到镇派出所说明情况，派出所刘警官随伊学义一起赶到这户人家，请求调取事故发生当天的录像，可户主说不知道密码，得去找他的儿子。几经辗转，调取录像时发现，偏偏事故发生前后几天的录像不见了……

一定有内幕！伊学义立即把这个新情况反映给办案人员，因为没有证据，得到的还是坚持原判的回复。电话被挂断的刹那，伊学义心力交瘁，欲哭无泪。此时，在医生的建议下，治疗花费高达20多万元的仲兆胜被拉回天桥岭林业局职工医院，家里开始打棺材、买寿衣，筹办后事。

悲痛之余，一股义愤在伊学义的心头涌动，不可遏制。"我一定要查清真相，即便我的村民已经无力回天，我也不能让他死不瞑目！"

皇天不负有心人。在伊学义和交警部门的不懈努力下，伊学义的坚持有了结果——综合各种情况，鉴定专家给出结论：伊学义的直觉是对的，仲兆胜先是从摩托车上飞出去，接着又被拖拉机的后轮碾轧胸部，导致了重伤。

真相，真相！感性的第一书记再次泪流满面，他凭借敏锐的洞察力和坚定的信念，终于为他的村民讨回了公道。他要把这个公正的结果带到仲兆胜的病床前，让濒危的仲兆胜感知到人间的公平与正义。

不知道是不是冥冥之中感知到了暖心书记为自己的操劳，仲兆胜慢慢睁开了眼睛。听着伊书记告知他结果，仲兆胜笑了，又哭了……

仲兆胜奇迹般地恢复了健康，这起事故也得到了圆满解决。因为肇事方家里也不宽裕，善良的仲兆胜免掉了对方的赔偿款。

这是亲情和责任合力创造的奇迹，也最能诠释伊学义那句掷地有声的话："村民就是我的亲人，我一定为我的村民讨回公道！"

2019年6月的一个上午，天气晴好。

仲兆胜家是典型的朝鲜族式大炕。南窗台摆放着一丛丛花卉，没什么名贵品种，可是生长得郁郁葱葱，茁壮喜人。

见伊学义带人进来，仲兆胜的眼睛笑得眯成一条缝。伊学义

⊙ 伊学义（左一）为仲兆胜送轮椅

进门就脱鞋上炕，盘腿一坐，像回到自己家一样。

"没想到，没想到我能死里逃生，鬼门关上又逃回来。是伊书记帮着把我拉回来了。"老人肤色黝黑，衣着朴素，刚打开话匣子，就激动得眼泛泪花。死里逃生，他对生活再无他求。吃不愁，穿不愁，收入稳定，村里啥好事都落不下他，儿子儿媳妇又孝顺，老人着实感恩："我吃的、穿的、花的，都来自税务局的帮助，干啥不念税务局和咱伊书记的好呢？人不能丧良心。"

仲兆胜夫妇把日子越过越好的功劳归在伊学义身上。伊学义却认为，朴素的老人还未能明白——是党培养了伊学义，他帮助落实了党和国家脱贫攻坚的好政策，才有了贫困户的春天。

走出门外的时候，阳光正好。隔窗看着开到爆盆的杜鹃花，伊学义真切地感受到生活的美好和温暖。

和仲兆胜夫妇一样期盼伊学义到来的，还有失明的丁明龙。

"伊书记来了，快进屋！"家门口，得知伊学义的到来，丁明龙高兴地迎了出来。

看着眼前高大帅气的小伙子，谁能想到他因为遗传性视神经病变，左眼失明，右眼视力值仅有0.02。丁明龙的视力有很大问题，距离他半米远，人的五官他都看不清楚。

刚开始，丁明龙的爷爷丁元富来找伊学义借钱，说他孙子眼睛失明急需去北京看病。当时伊学义心里对这个孩子还有些责备，以为他是看手机把自己的眼睛看坏了。来到丁明龙家里，伊学义才知道丁明龙眼睛失明的原因是家族遗传。丁明龙失明之前的职业是开塔吊，收入不低，每个月有好几千元。突然的失明，给这个意气风发的小伙子压上了一座沉重的大山。他下半辈子怎么过？伊学义突然伤感起来。

"到北京去看了好几次，积蓄花光了，病却没治好。我特别无助、迷茫，对生活也失去了信心。"丁明龙空洞的眼神令人心酸。

为了开导丁明龙，伊学义和他聊起了家常，给他讲民间音乐家阿炳的故事，阿炳的眼睛虽然失明了，但是创作了脍炙人口的《二泉映月》，给无数人带来了光明和希望。伊学义又建议丁明龙学盲文，学会盲文可以继续阅读和学习，用知识的力量战胜困难。

伊学义的出现点亮了丁明龙前行的道路。丁明龙听了伊学义说的话，精神与情绪好转起来，脸上出现了笑容，他主动对伊学义说想学习盲人按摩。伊学义当即给延边州残疾人联合会的驻村书记吴强打电话，问他残联是否有为盲人开办的按摩培训班，吴书记说每年都有，并告诉伊学义报名的地点和方式。

听到这些消息，丁明龙觉得生活有了方向。"伊书记就像我的父亲一样，每当我有什么困难，有什么想不开的事，都要找伊书记。"丁明龙深情地说。

在伊学义的关心下，丁明龙找到汪清县残联，咨询盲人按摩培训班的事。咨询清楚后，丁明龙却迟迟没有报名。反复询问下，丁明龙说出了自己的难处，他治病花光了积蓄，培训班的费用交不起了。

伊学义告诉他："不用考虑费用，现在有两条路可以选择，

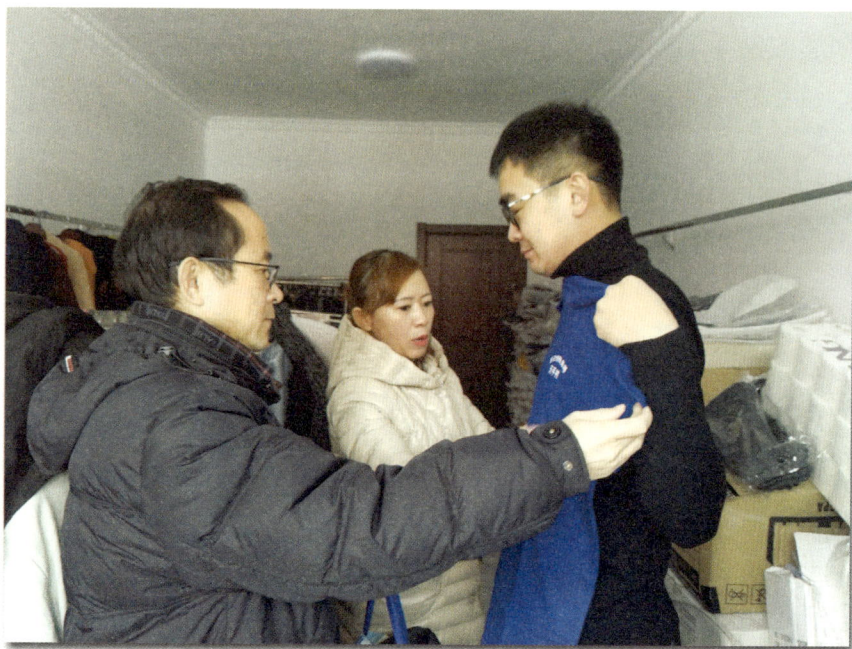

⊙ 伊学义（左一）为盲人丁明龙挑选衣服

一个是3个月的按摩速成班，一个是特教学院3年的系统学习班……"

丁明龙确实困难，失明的现状又摆在眼前。为了帮助丁明龙，伊学义想给丁明龙申请特困户。丁明龙觉得自己还年轻，还有自食其力的能力，拒绝了伊学义的建议，他决心勇敢地面对生活。最终，伊学义为丁明龙申请了低保户，又自掏腰包给丁明龙报了培训班。

也许是着急挣钱，或是不想再让伊学义操心，2020年夏天，丁明龙报名参加了盲人按摩3个月的速成培训班。为了帮助提高丁明龙的按摩技术水平，伊学义又将丁明龙介绍到了一家盲人按摩院去当学徒，丁明龙很快走上了按摩师的工作岗位。

勤耕致丰饶

2019年9月9日，风和日丽，秋高气爽。

财政部领导来到伊学义工作的汪清县天桥岭镇天平村进行调研。

伊学义向相关领导汇报了扶贫工作组紧紧围绕"两不愁三保障"开展的工作。听着伊学义的汇报，看到天平村的变化，领导多次对陪同人员称赞伊学义和工作组的用心和智慧。

是的，伊学义和工作组值得被点赞。这几年来，他们为天平村做的，远不止眼前所见。

到2020年，伊学义累计筹措资金49万多元用于村里的文化建设，组建了村民乐队、军鼓队、舞蹈队、老年合唱团和文化娱乐活动中心；2022年，又在文化娱乐活动中心建立了学雷锋大讲堂。天平村定期举办传统文化讲座，真正实现了物质与精神双脱贫。

这个本科学历的计算机工程师，用了3年时间，带着妻子去扶贫，让这片土地之上的贫困户们食有鱼肉、穿有暖衣、医有全保、居有敞屋。就此成为一段佳话，在吉林省第一书记群体中广泛传扬。

3年来，村里的道路修整了，路灯亮了，打折药店、零加价超市、爱心服装店服务于天平村全体村民。农机项目、榨油厂项目、菌包项目、太阳能光伏项目、扶贫鸡项目全面盈利。

"一朝入党，一生为党。"

"不忘初心，继续前进。"

伊学义说，党员干部只要别忘记自己的身份，别忘记为人民服务的初心，在前行的路上多为国家建设、人民安康"做点事儿"，就能够在百姓的心里树起一座看不见的丰碑。

天平村贫困户异口同声，发出一个声音：自从暖心书记来了，我们的心就再没冷过。

⊙ 伊学义在村中成立的军鼓队

第七章　脱贫攻坚收官年

幸福的杀猪宴

2020年1月，春节前夕，吉林电视台到天平村为中央电视台第九频道拍摄过大年节目。其中一个画面是在村里吃杀猪宴。这是整个片子的重头戏，村老年协会及部分军鼓队成员准备了好几天，在村部院子里支了3口大锅。

一大早，大家便开始准备菜肴，在村部摆了8桌。铿锵有力的军鼓声拉开了活动的序幕。队员们在妇女主任陈凤娟的指挥下，英姿飒爽地走过来了。咚咚咚、咚咚咚，25个小军鼓，两个大军鼓，敲出了威风，敲出了精气神，敲出了天平村在村党支部的带领下团结一致的凝聚力、向心力。

鞭炮声过后，村民们穿着节日的盛装，扭起了东北大秧歌，表演喜庆的节目。80岁的王克军和70多岁的代庆发、张明利、张明旭几位老大哥的三句半，颂扬了在党的扶贫政策下，天平村发生的翻天覆地的变化，抒发了老百姓对党的无限感激之情。

在一声"过大年了！"的欢呼声中，村里的杀猪宴正式开始了。

开宴了，伊学义和村民互相祝福，开心地喝起了酒。村民们幸福快乐，你搂着我的肩，我攥着他的手，互诉情谊。大家吃着喝着，笑着唱着，热闹得房盖儿都要被掀开了。

突然，在嘈杂声中，一阵雄壮的声音传来，那是起码几十个人的齐声呐喊："伊书记别走了，留在天平村！我们永远不分开！"

声音越来越大，呐喊的人越来越多。嘈杂的背景音乐突然消失，只剩下这句呼喊在大厅里回响。

那一刻，伊学义哭了，很多人都哭了。

那一刻，雪花悠然飘落，无声无息。

雪花落在屋顶上，雪花落在街道上，雪花落在牛身上，雪花落在人脸上。雪花不偏不倚，公公正正地拥抱了人间大地。

伊学义悄然走出宴会大厅，伫立在夜空下，雪花柔柔地抚摸着他滚烫的面颊和脖颈。一个声音在他的心底升起：能够踏踏实实地为村民们做点事儿，真好。

2018年10月17日，伊学义荣获全国脱贫攻坚贡献奖，是全国税务系统唯一获此荣誉的干部。2018年10月20日，在"吉林好人引领风尚——培育和践行社会主义核心价值观"主题实践活动中，伊学义荣获"吉林好人·脱贫攻坚先锋"称号。2019年4月，伊学义被评为第五批全国岗位学雷锋标兵和第八届吉林省道德模范暨吉林好人2018年度人物，获吉林省最美第一书记等荣誉称号。2020年11月，伊学义被评为全国先进工作者。

伊学义用双手捧出爱心、善心、责任心，饱蘸一千多个日夜流淌而出的心血和汗水，把自己的名字、把脱贫攻坚战的伟大政策，一笔一画地书写在天平村全体村民（不仅仅是贫困户）的心上。不夸张地说，他赢得了这一方土地之上所有村民的尊重与认可。

按照计划，2020年是伊学义驻天平村攻坚扶贫的最后一年了，完成脱贫攻坚使命，伊学义将返回自己单位。想起这些年的点点滴滴，想起和村民们建立起的深厚感情，伊学义热泪盈眶，他舍不得这个有情有义的地方。如果可以，伊学义很想，也很愿意，继续留在天平村，落实党和国家的政策，为村民们奉献自己。

2020年春节前，伊学义到长春市开会，好几天都没有回天平村。村长张明利特地打电话给伊学义，问他在干什么。

伊学义心里疑惑，询问张明利有什么事儿。张明利这才说："你不在的这几天，村里人心里发慌……"

"慌什么？"伊学义追问道。

"他们听说你要走，心里没底了。"

这段对话一直回响在伊学义心头。他回到家和妻子姜玉杰说起来，姜玉杰告诉他，村里的蔡大姐拉着自己的手说："希望伊书记在村里干到退休……"不只是蔡大姐，好多人都找姜玉杰表达了希望伊学义留下来的愿望。

想起那通电话，想起和村民们相处的日日夜夜，听到这些热情的呼喊，伊学义端起酒杯真诚地对大伙儿说："我不走，我留下来。"

天平村的幸福路

　　2020年春天，中央电视台农业农村频道的《攻坚日记》节目组到天平村取材拍摄，伊学义马上想到了张伟。长白山脚下天桥岭镇的风光物产很典型，张伟的致贫经历很典型，张伟不服输的个性很典型，张伟一步一步朝着美好生活迈进的故事很典型，这些典型条件组合在一起，成就了中央电视台农业农村频道的《攻坚日记》之《天平村的幸福路》。

　　张伟是个活得不容易的女人。在天平村，不少贫困户因病致贫，有些贫困户因灾致贫，张伟的家庭，既遭遇天灾又遭遇大病。

　　张伟以前也是个令人羡慕的人，夫妻恩爱，家庭幸福。2000年，年轻的张伟和丈夫在河边开办了一家农家乐。农家乐可食可宿，可游可钓，地理位置优越，周围青山碧水，风景如画，来休闲娱乐的游客络绎不绝，钞票源源不断地流入张伟夫妇的腰包。可好日子仅仅过了几年，一场大水把农家乐的几栋房屋无情地冲毁，只留下一道道地基。洪水撼不动的那些坚硬基石，沉默地告诉人们，这片美丽的土地上，曾发生过多么严重的水灾。

　　祸不单行，张伟家的困难远不止于此。不久，她的丈夫罹患肝癌，辗转求医3年多，撒手西去。嘎呀河边添了一座新坟，坟外留下失去顶梁柱的张伟。丈夫去世，压在张伟身上的，除了丧夫的悲痛，还有一座债务大山。

厄运在紧紧扼住张伟咽喉的时候稍微松了一把劲儿，让她得以喘息片刻——付兰祥，一个精明能干的单身男人走进了她在河畔的小屋，张伟和付兰祥组建了新的家庭。怀着过好日子的希冀，2017年，他们在岸边那一大片肥沃的土地上养殖了黑木耳，渴望凭借这外号为"黑牡丹"的产业，搬开头顶那座沉重的债务大山。

早在伊学义进驻天平村前，白花花的菌包袋就摆满了张伟家河岸边那一大片肥沃的黑土地。春雨过后，一只只黑色的"小耳朵"破膜而出，是张伟最开心的时候。2017年7月，眼看着丰收在即，天公却不作美，嘎呀河再发怒威，河水暴涨，给张伟的黑木耳地带来致命的伤害。张伟眼睁睁地看着河水卷走看家的大黄狗，卷走即将收获的菌包袋，只给她留下触目惊心的"礼物"——大如篮球、小如鸡蛋的石头堆叠成的洁白的"卵石海"。每块石头似乎都在向张伟耀武扬威，在张伟曾经投入过血汗和热情的嘎呀河岸边，那一大片承载过张伟梦想的黑土地上，只剩下现实的"断壁残垣"。

张伟的房屋和木耳没了，就连河边的庄稼地也被洪水冲成了沙石地，无法再种庄稼了。

这是一个因灾致贫的典型农户。

伊学义来到天桥岭镇天平村任第一书记后，在逐户走访中了解到张伟致贫的经过，踩着鹅卵石，触摸着农家乐的残留地基，他在张伟那双满蕴悲哀却燃烧着倔强火苗的眼睛里接收到这样的信息："书记，我不认命！我还年轻，我不想吃低保，我想凭自己的双手过上好日子！帮帮我！"

伊学义暗暗在心里发誓，一定要把张伟扶持起来，不仅帮她脱贫，还要帮她致富！

在扶贫工作组的帮助下，2017年11月，张伟和付兰祥重新找了个住处安顿下来，连锅碗瓢盆都是延边州税务局资助的。伊学义为张伟建档立卡，精准扶贫。2018年，张伟借款继续养殖黑木耳。

2020年，为了扩大黑木耳养殖范围，在伊学义的帮助下，张伟贷款10万元种植了7万袋黑木耳。

此外，张伟还在延边州税务局的帮助下，得到了8万元无息贷款用于养牛。吉林省养牛产业著名企业家、延边犇福牛业公司总经理吕爱辉资助了张伟4头怀有牛犊的母牛，助力张伟脱贫致富。

延边黄牛，个小、骨细、肉嫩、口感好，在延边州政府多年经营下，早就形成了享誉国内外的牛肉品牌。4头成年母牛价值不菲，每头母牛的肚子里，都已经孕育了一头小牛犊。它们在张伟密切注视的目光里，苗壮成长。

屡战屡败，屡败屡战。不公的命运给张伟一次次沉重的打击，在张伟的顽强努力下，在以伊学义为核心的扶贫工作组的帮助下，张伟逐渐摆脱命运的枷锁，向着美好的日子一步步跨进。

　　所以，中央电视台农业农村频道的《攻坚日记》节目组到天平村取材拍摄，伊学义第一个想到的就是张伟。她太不容易了，她的脱贫之路艰难而励志。

　　"伊书记和村里为我们做了这么多，配合他的工作，宣传家乡在扶贫方面做出的成绩，让更多人了解我们天桥岭镇，这事儿我义不容辞。"连遇灾祸并没有浇灭张伟的心气，节目组和伊学义找到张伟时，她爽快地应了下来，竭力完成人生赋予她的新角色——纪录片女一号。扶贫书记伊学义和贫困户张伟的故事，就此登上了中央电视台，飞进了神州大地的千家万户。

　　扶持张伟，帮助像张伟一样贫困的村民脱贫，这些一直牢牢记在伊学义心里。

　　2020年6月，伊学义联合延边犇福牛业公司吕爱辉总经理，特地请来北京农业大学的教授杨红建老师来天平村授课，不只是帮助张伟，也是指导所有养牛的村民。

　　早在2018年5月，伊学义就曾对养牛业动过心，他还让养牛的李国强做过一个小型的现代化养牛场的投资预算方案。在探讨现代化养牛场的筹备可能性过程中，由于条件不成熟和意见不统一，这个现代养牛场养殖的方案搁浅，天平村的养牛业继续维持着农户散养的传统模式。

　　现在，天平村的产业渐渐多起来，贫困户也逐渐过上了殷实的生活。菌包厂、黑木耳定植车间、太阳能光伏发电、农机合作社、榨油厂，这些产业不断为天平村创造价值。伊学义又开始琢磨养牛业。既然现代养牛场暂时建不起来，那就帮助养牛户获取更大的收益。

牛不好养，是大家的共识。牛业成本大，养牛的活儿特别多，体弱多病的老人们摆弄不好，所以村里的"牛老板们"大多是非贫困户。伊学义希望建立覆盖全镇的养牛业，让养牛业惠及更多的村民，这才把杨教授请到了村里。

杨教授非常专业。为了能在一个小时的课堂上真正让村里的养牛户有所收获，课前，他深入村里的养牛户家里，了解当地养牛的传统方法及牛舍环境等，分析并找出了养牛户在养牛过程中存在的问题。

在张伟家的牛棚里，杨教授查看了牛饲料，询问了牛饲料的配料比例，发现张伟家饲料配比中存在的问题，告诉张伟要在牛饲料中加入补钙配料，这样不但能使母牛身体强壮，更能强健初生牛犊的筋骨。杨教授的一番指导，让张伟等养牛户对养牛业充满信心。

课上，杨教授从专业的角度分析了目前牛业行情，得出结论：牛肉还得涨价，牛肉远远供不应求。

甩开膀子，跑起来吧！

杨教授的讲座给伊学义带来了希望和动力，给天平村想通过养牛致富的村民们带来了希望。

张伟听得如醉如痴，加上杨教授单独指导过她，她对养牛更是充满了希望。

在伊学义和扶贫工作组的帮助下，张伟相信党的好政策，相信会有很多伊书记这样的好干部。她相信，渴望多年的好日子正伸出手，召唤着她前行。

天平村的村民，和张伟夫妻一样，充满希冀地迎接着美好的日子。

但一帆风顺实属难得，灾难往往悄然而至。夏天，是天平村暴雨和洪水高发期，2020年也不例外。这一次，暴雨似乎比2017年的更无情。

2020年6月，端午节前后，空气之中弥漫着粽子的香甜。就在全村都沉浸在节日的温馨之中时，突然风狂雨暴。坐在车里，汽车棚顶砰砰啪啪的声音震得人心里发怵，雨刷器卖力摇摆着，努力把车窗外的世界清晰地呈现给车里的人。

"好大的冰雹……大的有乒乓球那么大！"副驾驶的男人声音涩滞，发出一声长叹。

2020年6月18日15时40分，延边州气象局发布雷电黄色预警信号：预计未来12小时，延吉西部和北部部分地区有雷电活动，局部区域伴有短时强降水、雷雨大风、冰雹等强对流天气，请有关单位和人员做好预防工作。

雷雨、大风、冰雹，这些不常见的自然现象一股脑倾泻在这一方土地之上。风停雨住时，大地一片狼藉，呈现出短暂的死一般的宁静。

伊学义第一时间驱车赶回村里，来不及喘一口气，他就奔走在田头地埂检查受灾情况。蓬勃生长的玉米苗被冰雹打秃了，木耳菌包厂损失惨重，苗壮成长的黑木耳自然也没能摆脱厄运。伊学义的眼前狼藉一片，洁白的黑木耳袋横倒竖卧，地上散落一层乌黑的黑木耳碎——伊学义心里默默估算，今年菌农的收益，大约要减少三分之一。

脱贫攻坚战进行到收官之年，所有建档立卡贫困户早在一年前就已经全部脱贫。历经九九八十一难，终于真经在望，老天爷仿佛在考验这个在脱贫攻坚大战中久经考验的第一书记，存心在这个节骨眼上降给他最后的考验。

突然，嘎呀河边传来哭声，伊学义心里又是一沉。怕啥来啥，这声音一定出自张伟——建档立卡重点贫困户。

古老的嘎呀河穿过天桥岭镇，汩汩流向远方，河北岸青山耸立，郁郁苍苍，张伟家就坐落在嘎呀河南岸几百米的地方。都说这是一块风水宝地，却屡次给张伟带来"灭顶之灾"。

中央电视台农业农村频道的《攻坚日记》之《天平村的幸福路》刚刚播出两集，第三集和后面的内容还在继续拍摄，雹灾就无情地砸了下来，这个坚强的女人再也忍不住内心的酸楚，对着镜头号啕大哭。这场灾难给她带来的经济损失估值三四万元，不是一个小数目。

幸好，张伟家的4头母牛长得油光水滑，肚子日渐膨大，孕育着小牛犊，也孕育着张伟和付兰祥夫妇脱贫致富的希望。

这希望，牢牢寄托在第一书记伊学义身上，寄托在国家脱贫攻坚战的伟业中。

"黑木耳减产已成事实，我会联系商家，让我们的黑木耳进大商场，利用出售渠道的差异挽回大家一部分损失。"

"玉米被打光了，重种肯定来不及，改种蔬菜。销售我来负责，你们放心吧。"

伊学义郑重地对张伟和村民们说。

在摸清村民们的受灾情况后，伊学义迅速确定了减灾措施。他的话让张伟红肿的眼睛闪烁出神采，也让其他受灾户低垂的头渐渐昂了起来。

伊学义，这个暖心的书记，从没让村民失望过。

与时俱进新扶贫

如果被眼前的困难吓倒，伊学义早就离开天平村了。越挫越勇，勇往直前，不断学习与创新，才是伊学义的行动指南。

进驻天平村的3年时间里，伊学义位于延吉市的家基本空着。

可2020年开始，他回去的次数明显增多，甚至经常把爱人独自留在天桥岭镇。他则奔波在汪清县城、延吉市和长春市。

他要将自己的扶贫工作拓展出崭新的空间，因为他再次敏锐地察觉到新的销售之路——直播带货。

2020年5月15日，为有效整合驻村第一书记的资源力量，巩固提升脱贫攻坚成果，加快推进乡村振兴发展，延边州成立了驻村第一书记协会，伊学义当选为延边州驻村第一书记协会会长、协会党委书记。

"我们的目的是把延边州的商品进行整合，创立品牌，使产业项目生产的产品都能够卖个好价钱，保证脱贫成果，同时也为下一步的乡村振兴奠定坚实的基础。"伊学义信心满满地说。

协会很快举办了第一次农产品展销会。第一次展销会期间，协会邀请64名第一书记和20名村书记现场推介并销售他们代言的150余种农特产品，还请来知名带货主播直播。那一次直播带货的销售额达到几百万元，线上线下热闹得一塌糊涂。

这次直播活动，让埋头在乡村的伊学义大开眼界，茅塞顿开。

不久后，伊学义这个电商"新兵"就勇敢地闯进了直播间。他介绍的牛板筋、辣白菜、黄桃等优质特色农产品，受到了直播间粉丝及现场嘉宾们的青睐。

2020年8月21日，伊学义又带着天平村脱贫村民张伟赶到长春，亮相吉林省第一书记直播间。张伟饱含深情地讲述了黑木耳背后第一书记伊学义扶贫的那些事儿。短短三个半小时的时间，近8000人通过APP观看了直播，成交量达1100余件。

依托延边州驻村第一书记协会在全省率先打造的"第一书记"品牌，伊学义创建了"小康酒""黑木耳西施""农家蛋"等农产品品牌，组织第一书记现身产品展销会代言推介，借助

"助力振兴税务先行"税务直播专场，采用"线上+线下+社会动员"三种营销主体模式，形成"展厅+电商+扶贫品牌"的全新扶贫生态，实现线上线下同步展示展销。几个月时间，他们已经实现营销收入1000多万元。

其实，伊学义早就借助自己的专业优势为村民创造过价值。

早在2017年，伊学义就曾利用自己的专业优势，用一个多月的时间编写出一套计算机"一键输出"建档立卡电子报表系统。这套系统大大提高了工作效率，吉林省省内其他地区的驻村工作队也陆续使用了他开发的这套软件。

为了能给更多中青年提供就业选择和机会，计算机工程师伊学义还借助自己的电脑专业强项，在天桥岭镇成立"天平村电教培训中心"，为天桥岭镇的中青年（不仅限于贫困户）进行长期就业培训。伊学义对这项培训非常上心，每次的辅导课都由他亲自完成。

即便如此，对直播带货这种新形式，伊学义也要摸索一段时间才能更了解。

"直播销售关键是粉丝，我计划先从我们本系统入手，搞一次'全省税务系统专场'，再来一次'教育系统专场'，再延伸到延边州8个县市。宁波市是我们的对口援建城市，可以和它互换资源，互通有无。《延边晨报》有84万粉丝，我还要向他们'取经'……未来的核心工作是电商，我们目前已经开始有序运转了……"

⊙ 伊学义为村里创建的电教培训中心

伊学义踌躇满志，精神抖擞。可再饱满的热情也难以掩饰他日渐虚弱的身体状况，这3年，他明显变老了。

几乎每个建档立卡的贫困户，都这样说，他们心疼伊学义。天有点儿凉，就有人打电话来，叮嘱书记多穿点儿衣服；下雨了，又有好几个人微信里问他：书记，你带伞了吗？

每当此时，感性的伊学义总会眼圈发红，甚至哽咽。

"我只是完成了党交给我的任务、性格好一点儿、耐心多一点儿而已，我并不比其他干部做得多，却得到了这么多荣誉，得到了这么多村民的拥护。我不带着他们走向小康、走向富裕，怎么对得起他们呢？"

为了天平村的村民，伊学义再苦再累都愿意。就算要重新学习，又有什么难呢？

在直播销售的新模式下，伊学义看到了新的希望。他敏锐的洞察力再次指引着他为天平村的村民寻找新的出路，为天平村的幸福生活开辟通途。

中国最好的黑木耳出在东北。天平村地处北纬43°，日照充足，昼夜温差大，享有黑木耳种植得天独厚的自然条件。这是伊学义初到天平村就已认同的观点。

因为对黑木耳的认可，伊学义才会大力发展天平村的木耳菌包厂，引进黑木耳定植车间，支持村民在黑木耳种植的道路上越走越远。

最终，由伊学义和张伟参与拍摄的《天平村的幸福路》共9

集，讲述了张伟一家的脱贫故事。中央电视台纪录频道还在天平村拍摄了《我的扶贫年》节目，讲述了伊学义作为天平村的第一书记在过去的一年中，致力于天平村的扶贫工作，从各方面帮助村民实现脱贫，取得的喜人成绩。

因为对黑木耳事业的期待，伊学义学习直播技术，希望天平村黑木耳种植的路越走越远。

在与黑木耳共同前行、不断进步的路上，伊学义又敏锐地发现了黑木耳的新机会。他不愿让天平村白白浪费这么好的自然条件，大胆地设想着天平村黑木耳的未来——

打造天平村的黑木耳品牌：木耳西施！

在伊学义开启电商直播之前，天平村的黑木耳主要靠外地商贩收购，黑木耳种植户的收入不高。开启电商直播后，伊学义发现，在张伟的直播间，一斤黑木耳可以卖到50元钱，这是商贩收购根本无法给到的价格。但直播销售的销量和条件毕竟有限，要提高村民的收入，增加村集体经济收入，让黑木耳产业可持续发展，还需从黑木耳本身入手。

打造天平村黑木耳品牌，势在必行。伊学义认为，打造品牌，是促进农村集体经济发展、增加集体收入的必要过程。

打造天平村黑木耳品牌，仅靠天平村的力量远远不够，必须联合多方努力、借助外力才能实现。趁着张伟直播的热度，借着张伟创业的故事，2020年9月，伊学义注册"木耳西施"的商标，正式开启品牌打造之路。

打造天平村黑木耳品牌，第一步是保证天平村黑木耳的质量和特色。在东北，很多地方种植黑木耳，长白山一带尤其普遍，怎样才能让天平村的黑木耳脱颖而出，成为全国质量最好、最有特色的黑木耳？伊学义和工作组想到了东北出名的人参，人参应用价值高，知名度高，黑木耳和人参，会不会擦出火花呢？这不是一件容易的事儿，也不是天平村能单独完成的事儿。伊学义和工作组决定试一试。

伊学义联系到善生堂医药公司。经过商议，双方决定医药公司出资金，天平村出技术，双方合作培育黑木耳新品种。

新品种的培养是个漫长的过程。目前，双方共同培育出了桑黄木耳、人参木耳、黄芪木耳，但它们的价值如何，能给天平村带来怎样的收益，未来发展前景如何，要经过权威机构检测、种植技术的不断改良和市场的不断验证，才能慢慢见分晓。

伊学义相信，天平村的黑木耳，一定能闯出自己的一番天地。天平村也一样。

第八章 扶贫后记

85枚手印，只为一封信

2020年是伊学义脱贫攻坚的最后一年。年底，村民们再次听说伊学义和扶贫工作组完成脱贫攻坚任务后，就要返回延边州税务局，离开天平村。

这是村民们所接受不了的，2020年初，他们在春节杀猪宴上就借节目表演表达过集体的想法。伊学义也当场告诉大家，自己会留下来。快一年过去了，伊书记还会继续留下来吗？

村妇女主任陈凤娟带头，张罗着要写一封联名信挽留伊学义。他们也不确定伊学义到底会不会离开天平村，但他们说，不管结果如何，都得努力争取，一定要在伊书记正式接到通知之前，把信交给他。

陈凤娟挨家挨户找村民聊天，了解村民的想法。

"伊书记来了以后，帮大家建起零加价的爱心超市，药店买药还打折。"

"老伊让我们住进了新房。"

"我身体不好，干不了重活儿。伊书记为我安排公益岗，让我养扶贫鸡，还为我办理了养老保险。"

村民们回忆着伊书记来到天平村后的变化，你一言我一语，表达着自己的感想。最后，他们在信里写道：

老伊：

你好！

听说你和你的驻村扶贫工作队就要撤了，我们建档立卡贫困户和广大村民真是一千个、一万个不想让你们走。

回顾四年来我们一起相处的一千多个日日夜夜，你不辞辛苦、千方百计地为村里脱贫致富找项目、争取资金，终于让我们天平村彻底改变了贫穷落后面貌，变成了现在物质文明和精神文明的双丰收村。宽敞气派的老年活动中心、为村集体增收的农机协会、木耳菌包厂、榨油厂、光伏发电等实体产业见证你多少心血和汗水。

现在，你和你的扶贫队员圆满完成任务。我们真的舍不得你走，真希望你能留下来，再帮我们一把，扶助我们走完从脱贫到富裕的这条路……

一封3页纸的信，写满了村民们发自肺腑的话，附在信后的，还有85个名字和85个鲜红的手印。这是大伙儿能想到的最隆重的告白。

在天平村老年活动中心，村民们把信送给伊学义。读完村民们的信，伊学义泪洒当场，村民们一句又一句"伊书记，留下来"的呼声打动人心。

伊学义说："说心里话，我也舍不得大家，大家对我的这种感情，我心里清清楚楚……"

伊学义说，虽然按最初的约定，扶贫任务结束，他就要回到自己原本的工作岗位，但究竟是回去还是留下，未来的工作还要听从组织的安排。不过，无论怎样，他的心都将牵挂着天平村的未来，他也想尽自己所能帮助村民实现他们的愿望。

扶贫日志

2021年2月25日，中华民族的历史翻开崭新篇章。当天在北京召开的全国脱贫攻坚总结表彰大会上，习近平总书记庄严宣告：我国脱贫攻坚战取得了全面胜利！

脱贫攻坚全面告捷，伊学义和同事的驻村扶贫工作圆满完成。他们可以返回自己原本的工作岗位了。

但伊学义留了下来，仍然留在天平村，像村民们一再期望的那样。

天平村的生活早已好了很多。2021年，全村贫困人口人均年收入达到14065元，2022年达到15363元。

伊学义可以松一口气了，但他没有停下来。他的爱好也没有变，还是坚持写扶贫日记。早在2017年7月，伊学义刚进驻天平村时，他就开始写扶贫日记。那时他刚进村，各项工作都很繁重，每天早出晚归，走访贫困户，落实扶贫项目，但日记从未落下。

我和村长约好了，到村部整理各项会议记录，村长把村里的会议记录从柜子里全部拿了出来，整整摆了一大桌子……（2017年7月5日）

……下午，我们一起到村部与村支委召开了党支部会议，都做了表态发言，大家表示一定要在镇党委的领导下，团结一致，加强发挥农村党的战斗堡垒作用，落实"两学一做""三会一课"等学习制度，坚决完成脱贫攻坚这一任务。会议一直开到下午5点。（2017年7月6日）

上午10点……我做了补充说明，并谈了将来扶贫工作的规划：一是将举办一次大型文艺会演，抓好文艺下乡工作；二是要出一份扶贫专刊宣传好党的思想、路线、方针政策，将党的扶贫政策宣传到位，将党对广大贫困户的关心、温暖送到千家万户……（2017年7月7日）

下午走访的第一家是代庆华家……今天来他家，老两口都在家，代庆华说他家主要是老伴病太重了，光腰就骨折过两次，现在都不能坐在炕上……第二家是杨志通家，杨志通主要是患有癫痫病，一下子把家里的钱都花光了……第三家是赵甲英家，老人今年72岁……第四家是代庆贵家……第五家是丁元富与其大儿子丁兆权家……（2017年8月3日）

上午我们继续下户……来到李兆满家，正赶上他拉了一车自家种的蔬菜和煮熟的一大盆苞米要出去。他热情地把苞米给我们吃。到今天为止，我们和他已经处成了好朋友。他家我们

都不知道来了多少次了。我们也没有客气就吃了起来，一边吃一边说正事……（2017年8月18日）

吃过早饭便和赵哥赶往汪清县民政局，主要是想找到纳入低保户的标准文件……（2017年8月25日）

昨天就和张风新、傅英田说好了，让他们今天早上6点20前将杀好的鸡送到林业局转盘道发往延吉的大客车上。早上3点多我就醒了，心里一直惦记着这件事就睡不着了，等到5点50分，我下楼向转盘道走去……（2017年12月29日）

今天上午我给镇财政所孙会计打电话，告诉他黑木耳定植车间建设项目已经落定……（2018年4月8日）

终于来到哈尔滨。本来都买好了3日去哈尔滨的车票，订购榨油机设备，但每天事情特别多，实在是走不出去……（2018年8月10日）

今天上午，为老年协会的全体老人发放了棉大衣。我一直想着要给老年协会的这些老人购买冬天穿的棉大衣，这次周大姐发来了300多件棉大衣，我拿出了50件，让老人们挑选。老人们都挑到了各自合身的棉大衣……（2019年2月1日）

习近平总书记说了，在脱贫攻坚路上，谁都不能落下，谁也不能少，现在我怎么能落下一个呢？从镇里出来，我直接又去找房子，我一定要找到让陈德家满意的房子，也一定要让他父母顺利脱贫。（2019年11月1日）

稿子写完已经快下半夜1点了，晚上只睡了4个小时的觉就

⊙ 伊学义部分扶贫日志

又爬起来改稿子。（2020年3月11日）

上午，杨教授乘飞机从北京来到延边州，一下飞机就赶到距离延吉100多公里的汪清县天桥岭镇天平村……（2020年6月2日）

为了能让张伟多挣点钱，我决定把张伟家的木耳带到延吉发货，这样，每单至少省6元钱。把木耳拉到延吉后，我得将木耳送到延吉开发区我们协会的仓储处，还得重新和省协会网络平台对接……（2020年11月11日）

今天就是除夕……祝愿全村人身体健康不得病，没有返贫致贫，生活幸福安康！（2022年1月31日）

"为村民做好事是不应该留名的……"伊学义坦言，日记里的这些事都是小事，可能并不值得记下来，但这些事情，恰好也是他进步的原因。因为记录扶贫工作的点滴和反思，伊学义发现自己的工作方法改进了，人生境界也更高了，"现在想的就是要为乡亲们解忧排难。"

一人扶贫全家支持

伊学义的老母亲年近80，平时住在伊学义松江老家的大哥家里。近年来母亲疾病缠身，每次都是伊学义接她到延吉市治疗，床前照顾，无微不至。

可自从夫妻俩双双踏上扶贫之路，老母亲就很难感受到来自小儿子的"暖"了，他把更多的热量拿去温暖了天平村的村民。明事理的老人从没抱怨过。哥哥和姐姐知道伊学义忙，每次母亲生病，只要不是特别严重，都瞒着他。

一天夜里10点多，已经睡下的赵志云听到电话响了。他吓了一跳，接起来一听，是伊学义打来的，伊学义带着哭音说："赵哥，快送我回延吉。我妈病重，在延吉抢救呢！"

赵志云飞快地穿戴好，一路疾驰，赶到了近300里外的延吉市延边医院。他们急匆匆赶到医院时，伊学义的老母亲已经脱离了危险。看到眼前满头大汗的儿子，老人家的眼里泛出了惊喜的泪光，嘴巴几次开合，微弱地吐出一句："你来干什么，你不是在扶贫吗？"

母亲虚弱地问出这句话，伊学义泪流满面，一旁的赵志云也哭了……

面对默默支持自己的母亲，伊学义心里有愧。

前不久，母亲给伊学义打来电话，母子俩聊了一会儿。老人斟酌着词句说："儿子，妈知道你忙……可有一件事儿，妈想求你，你能答应妈不？"

伊学义心里一颤，急忙答应。作为儿子，让80岁的老妈说出个"求"字，他当不起啊！

原来，3天后就是母亲的八十大寿，家里早就开始筹办这件大喜事。大家都知道伊学义是大忙人，所以一直没告诉他。

一股内疚伴着酸楚涌上心头。谁不知道他是个大孝子，可他每天忙忙叨叨的，竟然把这个重要的日子都忘了……他红着眼眶连声答应，撂下电话赶紧和妻子商量给母亲买什么生日礼物。

那一天，母亲的寿宴高朋满座，热闹非凡，母亲感受着亲友的祝福，眼睛却不时瞟向门口。宾客们来了又去了，日头一点点西斜，她最疼爱、最想念的小儿子最终也没走进来。

那一天正赶上延边州驻村第一书记协会成立大会，伊学义作为协会会长，是没办法请假缺席的，尽管他千万个不愿意留下这个遗憾，但还是辜负了母亲。如果老母亲不这么理解支持他多好，如果母亲能骂自己几句，甚至打自己几下，他的心里也能稍微好受一些……

此刻，看着眼前虚弱的母亲，伊学义百感交集。

一人扶贫，全家支持。伊学义感谢全家人对他的理解和包容，感谢全家人对他的默默支持。

自古忠孝两难全。他无法表达自己的矛盾心情，觉得愧对母亲，又放心不下天平村的贫困户。

"一朝入党，一生为党。"他还是想到了这句话。

为了响应党和国家的号召，因为不舍天平村已有深厚情感的村民，伊学义留在天平村，转移到乡村振兴的阵地。

"不忘使命，继续前行！"